Comentários Evangélicos

pelo espírito
BEZERRA DE MENEZES

COMENTÁRIOS *Evangélicos*

Aliança

3ª edição, setembro/2014, do 11º ao 12º milheiro.

Título
Comentários Evangélicos

Autores
Edgard Armond / Pelo Espírito Bezerra de Menezes

Revisão
Maria Aparecida Amaral

Diagramação
Antônio Roberto de Carvalho

Capa
Ariane Haas Franco

Impressão
Rettec Artes Gráficas e Editora Ltda.

Ficha Catalográfica

Dados Internacionais de Catalogação na Publicação (CIP)
(Câmara Brasileira do Livro, SP, Brasil)

Menezes, Bezerra de, 1831-1900
Comentários Evangélicos / pelo espírito Bezerra de Menezes; [psicografado por Edgard Armond]. -- 2. ed. -- São Paulo: Editora Aliança, 2014.

ISBN 978-85-88483-46-0

1. Espiritismo - Doutrina 2. Espiritismo - Estudo e ensino
I. Armond, Edgard, 1894-1982. II. Título.

14-06642 CDD-133.901

Índice para catálogo sistemático

1. Espiritismo: Doutrina espírita 133.901

Editora Aliança
Rua Major Diogo, 511 - Bela Vista - São Paulo - SP
CEP 01324-001 | Tel.:(11) 2105-2600 | Fax: (11) 2105-2626
www.editoraalianca.com.br | editora@editoraalianca.com.br

Sumário

Apresentação

Em julho de 1966 teve início a publicação de uma série de mensagens espirituais, com a finalidade de cooperar com a difusão da Doutrina dos Espíritos, as quais receberam o título de *Comentários Evangélicos*.

Obra singela, despretensiosa, mas de profundo valor iniciático, de autoria do venerável benfeitor espiritual, Dr. Bezerra de Menezes, precursor do espiritismo religioso em nosso país, transmitida nas reuniões de trabalho do Colégio de Médiuns da Federação Espírita do Estado de São Paulo, no período de alguns anos, sob a coordenação do Comandante Edgard Armond, e destinada às Escolas de Aprendizes do Evangelho.

O projeto inicial previa a publicação de quatro opúsculos, quantidade posteriormente aumentada para seis, com a esperança de se atingir o fim colimado, de oferecer ajuda, no campo do esclarecimento, a todos aqueles que desejam seguir, com segurança, pelos caminhos árduos, porém gloriosos e promissores da espiritualização.

A Editora Aliança, atenta ao grande valor dessa obra, reuniu os seis opúsculos, nesta publicação, com o objetivo de facilitar o acesso do leitor a estas orientações de grande apoio ao processo de evangelização.

São Paulo, maio de 2001

Editora Aliança

Explicação Necessária

A significação do Evangelho para o Espiritismo não deve ser simplesmente religiosa ou mística, mas iniciática: o homem encaminhando-se pelas sendas da vida espiritual, com ponto de partida na **Reforma Íntima**; eliminando hábitos, vícios, e costumes perniciosos; defeitos morais, sentimentos e pensamentos incompatíveis com essa realização espiritual; e buscando adquirir virtudes próprias do *homem novo, transformado*, que deve, com toda sinceridade, desejar ser.

E quão profundo e extraordinário é o poder do Evangelho para operar essa transformação!

Compreendendo que nenhum de seus problemas íntimos e vitais se resolve pelo conhecimento simplesmente teórico ou místico do Evangelho, porque esses problemas não residem no exterior mas no seu próprio íntimo, concluirá logo que o Evangelho não pede um *conhecimento intelectual*, mas uma *vivência individual*. Vivendo o Evangelho e *testemunhando-o* como é necessário, o homem se espiritualiza, se engrandece, aproxima-se de Deus.

O conhecimento simplesmente teórico ou místico não muda o homem mas, muito ao contrário, lhe aumenta os débitos espirituais porque *a quem muito é dado muito será pedido* e também porque *a fé sem obras é morta*. Como o homem, para viver e exemplificar o Evangelho, antes de mais nada deve *reformar-se*, segue-se que sua primeira obra, e sua primeira exemplificação, devem ser em si mesmo, *transformando-se no homem novo* a que o Evangelho se refere.

Cada um de nós deve espiritualizar-se por si mesmo, por decisão própria, por esforços próprios, tendo o Evangelho como norma de ação, agindo e não somente crendo.

Todo aquele que quiser, verdadeiramente, iniciar-se na vivência evangélica, no momento em que decide fazê-lo abre portas amplas no Plano Espiritual para o recebimento de auxílio, assistência e inspiração.

Os dias atribulados que vivemos e os ainda mais difíceis que estão por vir, exigem do homem sensata reflexão e a decisão, segura e definitiva, de evangelizar-se, para redimir-se.

Edgard Armond

Dr. Bezerra e a Difusão do Espiritismo no Brasil

A publicação de *O Livro dos Espíritos*, em 1857, antes de tudo, serviu para sacudir as mentes viciadas nas equivocadas ideias da velha ortodoxia religiosa.

A partir dai, os adeptos do espiritismo sofreram constantes perseguições políticas e religiosas. Na Europa, tornaram-se célebres o "Auto-de-fé", em 1861, e o *Procès des Spirites*, em 1875. O primeiro, em Barcelona, constitui-se na queima, em praça pública, dos livros da obra kardequiana, importada pelo livreiro Maurice Lachâtre, então erradicado na Espanha. O segundo, em Paris, tratou-se de rumoroso processo movido pelo Ministério Público contra os principais continuadores de Allan Kardec (Buguet, Firmam e Pierre Leymarie, além de Amélie Gabrielle Boudet, viúva do insigne Codificador).

No Brasil, as dificuldades também não foram poucas. Declarar-se espírita, naquela época, era correr riscos de chacota, exclusão política e social e prisão. Mesmo após a inclusão da liberdade religiosa, na 1ª Constituição Republicana, de 1890, as coisas não eram nada fáceis para os adeptos da nova doutrina. Apesar disso, na Revista Espírita de 1861, Kardec já menciona pedido de exemplares de *O Livro dos Espírito*s provenientes do Rio de Janeiro.

Bezerra de Menezes (1831-1900) foi um dos primeiros, em terras brasileiras, a compreender perfeitamente a codificação kardequiana. Por volta de 1864, o então já conhecido médico, vereador, presidente da "Companhia Carris Urbanos" e jornalista Dr. Bezerra de Menezes ganha um exemplar, em português, de *O Livro dos Espíritos,* e se aprofunda nele. Torna-se espírita convicto e, por anos a fio, trava contatos com figuras nascentes do Espiritismo no Brasil, colaborando inclusive com a fundação da Federação Espírita Brasileira, onde ia tomar passes e restabelecer-se espiritualmente. Só em 16 de agosto de 1886, porém, anuncia publicamente sua adesão ao Espiritismo na sala de honra da Guarda Velha carioca, onde expoe sua condição de espírita junto à preconceituosa sociedade carioca da época, sem se importar com as consequências disso. O médico extremamente humanitário e popular — depois chamado de "médico dos pobres" —, chocou a sociedade brasileira, eminentemente católica, com esta declaração. A partir de então, Bezerra tornou-se espírita ativo. Defendia a doutrina nos jornais e empenhava-se em participar dos agrupamentos espíritas, sempre com intuito de divulgação doutrinária e organização do movimento. Sua dedicação como "médico dos pobres" era tamanha que chegava a passar privações. Mas era assim que entendia sua missão como médico, como a de verdadeiro cristão: dar e curar sem esperar nada em troca. Aqueles que podiam pagar, pagavam; quem não podia, ele até mesmo ajudava com remédios e dinheiro.

Bondoso e conciliador era um missionário em terras brasileiras, como cita o Espírito Humberto de

Campos no livro *Brasil, Coração do Mundo, Pátria do Evangelho*, psicografado por Francisco Cândido Xavier: "(...) Bezerra de Menezes, que vinha cumprir no Brasil uma elevada missão." e "(...) traz consigo a palma da harmonia, serenando todos os conflitos. Estabelece a prudência e a discrição entre os temperamentos mais veementes e combativos."

De fato, seu trabalho conciliador não foi menos exaustivo, e até sofreu com isso. Compreendia que a Doutrina estava sem rédeas nem direção: de um lado, os "científicos" achavam que o essencial era o lado científico do Espiritismo — portanto, não era religião; de outro, os "místicos" asseguravam que o Espiritismo era uma religião, o cristianismo redivivo, com a máxima "fora da caridade não há salvação". De um lado a razão, de outro, a fé. Mas Bezerra incitava-os, como Kardec, a usar a *fé raciocinada*, pois aquele mesmo que organizou *O Livro dos Espíritos* também elaborou *O Evangelho segundo o Espiritismo*.

Bezerra foi o primeiro a dar aulas públicas sobre ***O Livro dos Espíritos***, na Federação Espírita Brasileira. Uma mensagem de Allan Kardec, em 1889, no "Grupo Fraternidade", falando sobre o movimento espírita brasileiro, alertava-o para a necessidade urgente de organização e educação da mediunidade. Isso levou-o a criar a primeira Escola de Médiuns no "Centro", grupo espírita por ele fundado. Também escreveu diversas obras espíritas, além de manter uma coluna espírita no jornal *O País*.

Foi por orientação dos Espíritos — e não decisão sua — que presidiu a Federação Espírita Brasileira, de

1895 a 1900, quando veio a falecer. Apesar de tanto esforço em favor do próximo, Bezerra deixou o nosso mundo passando por inúmeras privações de ordem financeira.

Como desencarnado, consolidou sua tarefa doutrinária no Brasil e foi um dos mentores do processo de criação e implantação das Escolas de Aprendizes do Evangelho, que tantos frutos tem dado ao nosso movimento, no caminho da reforma íntima e da vivência cristã.

Dr. Bezerra de Menezes é, pois, um dos Espíritos mais atuantes e representativos do movimento espírita brasileiro e merece ser estudado e entendido em seus *Comentários Evangélicos*.*

---

* Para melhor inteirar-se sobre a vida e obra do Dr. Bezerra de Menezes, leia também *Bezerra de Menezes, o médico dos pobres*, de Francisco Acquarone, desta mesma editora.

1
RIQUEZA

"*Esta noite te pedirão a tua alma; e o que tens preparado para quem será? Assim é aquele que para si ajunta tesouros e não é rico para com Deus.*" (Lucas 12:20-21)

Assim, na parábola do Mestre, termina o rico avarento sua carreira de afortunado terrestre para iniciar a de Espírito indigente.

Pelo relato evangélico, não teve ele grande empenho em adquirir as riquezas espirituais, dedicando-se apenas a amealhar tesouros na terra. Muito maior teria sido sua responsabilidade se tivesse tido alcance espiritual e devidamente avaliado sua posição de depositário das riquezas da iniquidade para com elas alcançar os tabernáculos eternos.

Ele não o pensou nem soube: severamente foi chamado a contas.

E nós que o sabemos e nisso continuamente pensamos, que contas seremos chamados a prestar? Sem dúvida, muito mais severas.

A divina bondade nos ampare para que, a qualquer hora que nos seja "pedida a alma", ou nos vejamos face a face com nossa consciência mais desperta, tenhamos a serenidade do dever bem cumprido.

2
MODOS DE CRER

"*Credes em Deus, crede também em mim.*" (João 14:1)

O mestre Jesus não solicitou que cressem os discípulos tão somente nele, mas disse: crede em mim, num prolongamento da crença que tendes em Deus, pois Deus é o Senhor e ele o seu enviado; Deus, o criador da Vida, e Jesus, aquele que a vem revelar em plenitude a vós outros.

Não desejaria o Mestre que só a Ele próprio amássemos, e a seus mensageiros, reservando-lhes a parte maior de nossa fé, num quase esquecimento do Criador, mas disse apenas: credes em Deus, entretanto reservai para mim parte de vossa fé.

Fujamos ao excessivo apego e dependência dos companheiros mais avançados no mesmo caminho que todos percorremos na criação divina, pois para todo o sempre teremos a nossa frente irmãos mais sábios, mais amorosos e mais espiritualizados do que nós, de vez que são infinitas as possibilidades de progresso que nos outorgou o Pai. E se não procurarmos exercitar nossos próprios sentidos na percepção, ainda que acanhada, da Divindade, por contarmos viciosamente com o auxílio de quem nos vai à frente, longo tempo levaremos a nos libertar, pois sempre estaremos ocupados em observar os caminheiros da estrada, cegos à suprema luz criadora.

O Senhor permita que mutuamente nos amemos e amparemos, consagrando aos companheiros melhores do que nós, especial reverência. Mas que Deus esteja acima de tudo e de todos em nossas cogitações, pois para ele devem voltar-se toda a nossa alma e todo o nosso entendimento.

3
SOL QUE BRILHA

"E ouvireis de guerras e de rumores de guerras; olhai não vos assusteis, porque é mister que isso tudo aconteça, mas ainda não é o fim." (Mateus 24:6).

Na verdade, longe de representarem o fim para os trabalhadores do Cristo, as convulsões que afligem o mundo presentemente serão o princípio de uma dedicação maior, pois valerão sofrimentos e aflições, como oportunidade de aferição de valores, e dessa aferição sairá vitorioso o colaborador sincero de Jesus.

Desejaríamos trazer-vos agora mensagem transbordante de alegria e portadora de felizes notícias. Entretanto, não vos enganaríamos e estaríamos antes enganando a nós mesmos. O horizonte é sombrio, a hora é dc luta e a aflição recrudesce.

Mas não é para as trevas do caminho que desejamos volteis a atenção: é, isto sim, para o Divino Sol que brilha acima de nós, entre nós e em nosso íntimo. Abramos ao seu amoroso influxo *mentes equilibradas pelo estudo do Evangelho, corações purificados pela sua prática.* Se o fizermos não só estará o Senhor a nosso lado, como estaremos nós com ele, e de nada temerosos. E seremos aquinhoados com a feliz oportunidade de colaborar para vitória certa da luz, vitória certa pois que será a do próprio Mestre, digno enviado de Deus onipotente e benigno.

A sua paz nos envolva, dando-nos força e coragem para que sejamos contados entre os discípulos fiéis, dignos de seu Mestre.

4
LANÇAR REDES

"*Lançai as vossas redes.*" (Lucas 5:4)

Incontável número de criaturas caminham pela vida inconscientes de suas possibilidades, e inconscientes continuam ao passar pela transição da chamada morte. E, se defrontam com grandes vultos e nobres realizações, respondem com um sacudir de ombros: são seres melhor aquinhoados pela natureza do que eu; são oportunidades que a mim não couberam.

Se em nosso próprio íntimo lançarmos redes de fé e boa vontade, essas redes apresentarão em suas malhas dons, possibilidades e recursos bem preciosos, pois que são concessões do Criador onipotente e generoso.

Conscientes que somos da existência, em nosso íntimo, de uma centelha crística, prodigioso potencial de amor e entendimento, o que esperamos para elevar ideias e sentimentos a fim de auxiliar a eclosão da própria angelitude?

Na verdade isso será obra de muitos milênios, a exigir pesado tributo de lágrimas e sacrifícios, mas o mesmo Mestre Jesus nos auxilia a recolher as redes que a todo instante lançamos no oceano da vida, e também a distinguir o que deve ser conservado do que colhemos, e o que tão somente seria inútil sobrecarga.

5
PAI NOSSO

"*Seja feita a tua vontade assim na terra como no céu.*" (Mateus 6:10)

Tinha o Mestre conhecimento de que a Terra se desloca em pleno céu, e da solidariedade que existe entre os planos espirituais superiores e o terrestre, e longe estava de lhe ser desconhecida a onipotência divina. No entanto, recomendou que orássemos pela realização da vontade de Deus na terra como se dá nos céus.

O que se opõe ao seu cumprimento na terra são os obstáculos erguidos pelo orgulho e prepotência, vaidade e ilusões humanas. Mas essas barreiras estão sendo derrubadas pelo divino sopro renovador que envolve todo o globo; sopro até agora paciente e amoroso, porém que se está tornando sumamente enérgico, não que pudesse qualquer manifestação de Deus perder características de amor e paciência, mas, devido à violência e energia mal empregada que desencadeamos, e que deveremos recolher, retificar e orientar para o bem maior.

O Senhor não olvidará sua promessa de que, por amor dos escolhidos, dias de aflição e sofrimento serão abreviados. Guardemos em nossos corações incondicional fé e confiança, e, ainda que neles penetrem dor e mágoa, não terão entrada desesperança e desolação. E, em estado de íntima serenidade, estaremos atentos e receptivos aos apelos, à fraternidade e ao serviço desinteressado que soarão por toda a Terra, vindo do coração do Cristo.

6
CAMINHA PARA DEUS

"Toda a boa dádiva e todo o dom perfeito vem do alto, descendo do Pai das luzes, em quem não há mudança nem sombra de variação." (Tiago 1:17)

Transcende o Criador a possibilidade de sofrer qualquer transformação, pois que é o Absoluto. E dádivas perfeitas, infinitamente preciosas, jorram constantemente sobre todos: são bênçãos que em si encerram o potencial de maravilhosas virtudes, garantia de inalterável felicidade.

Por longo tempo nos fechamos à recepção das divinas dádivas, dominados pela ambição de satisfações inferiores e gloríolas terrenas. E, se agora vimos despertando para o entendimento do valor maior das coisas espirituais, fazemo-lo ainda com restrições, desejando ascender para Deus sem perder os favores de César.

Mas, se é Deus absolutamente perfeito desde toda a eternidade, caminhamos nós para a relativa perfeição de que é capaz o espírito criado. E, pouco a pouco, ir-nos-emos despojando da matéria que nos oprime e da vaidade que é fonte maior de angústias do que de satisfações, mergulhando em nosso próprio íntimo cumprindo o antigo ensinamento: conhece-te a ti mesmo. E quando tivermos entendido a nós próprios estaremos aptos a caminhar a mais largos passos em direção a Deus, pois teremos de boa mente trocado tudo que é transitório pela pérola de imenso valor da parábola de Jesus.

7
CONFIAR EM DEUS

"Se vós, pois, sendo maus, sabeis dar boas coisas aos vossos filhos, quanto mais vosso Pai, que está nos céus, dará bens aos que lhos pedirem?" (Mateus 7:11)

Muitos despendem preciosas energias em estados de inquietação e angústia, fechando-se à recepção das divinas dádivas e anulando suas possibilidades de virem a descobrir a solução de seus problemas, uma vez que a mente perturbada não raciocina com clareza e o coração desesperado ensombra todas as perspectivas do caminho.

Tenhamos presente a promessa de Jesus de que o Pai, sabendo o que mais nos convêm, não deixa de nos conceder os bens de que necessitamos quando os rogamos com humildade, e serão úteis ao nosso próprio adiantamento e ao de nossos semelhantes.

Não esqueçamos que em cada um de nós reside fração da divina sabedoria, e que essa sabedoria nos permite, quando livres de paixões e prejuízos, discernir o que realmente nos convém diante das perspectivas de vida eterna que nos concedeu o Criador.

Permita Ele que saibamos receber ou deixar de receber aquilo que pedimos com a mesma serenidade e compreensão de Sua indefectível justiça e perfeito amor.

8
O GIRASSOL

Permitir-nos-emos tentar extrair do símbolo fornecido pelo girassol uma lição evangélica.

Sabemos como reage o girassol à presença do astro-rei. É um exemplo clássico de heliotropismo: volta-se diretamente para o sol, acompanhando seu curso aparente ao redor da terra em todas as horas do dia. E ainda, crescendo muito alto, parece querer aproximar-se o mais possível do corpo celeste que nos ilumina.

Também nós possuímos maravilhoso sol em nossas vidas: é o coração do Mestre que do alto irradia para nós, despejando luz e amor em nossos caminhos, inspirando-nos, quanto lho permitamos, paciência, caridade e tolerância.

Entretanto, quantos de nós nos mantemos voltados para o Cristo? Quantos nos lembramos de que tê-lo como centro de nossas vidas seria nossa maior garantia de paz? Quantos procuramos, acompanhando seu curso de incansável ação redentora, receber os inefáveis benefícios que dele promanam?

Na verdade, alguns de nós só o fazemos em horas previamente estabelecidas, durante trabalhos espirituais ou em minutos de prece e meditação, olvidando que, se o girassol de nossos jardins tem horas de treva e abandono a se alternarem com as de diuturna claridade, para os discípulos do Mestre não há jamais escuridão ou desamparo, pois Jesus não adormece em seu desvelo por aqueles que lhe foram confiados, e nunca se apaga ou sequer desmaia sua luminosa irradiação.

Cabe a nós, com a simples ação de aceitar Jesus como divino sol de nossas vidas, afastar para longe trevas, dúvidas e aflições, integrando-nos definitiva e realmente no quadro de seus discípulos, em decidida ascensão para Deus.

Que Ele permita concretizemos esse nobre ideal em breve tempo, é a prece que lhe fazemos confiantes em seu amor.

9

COMO OLHAR JESUS

"*Se os teus olhos forem bons, todo o teu corpo terá luz.*" (Mateus 6:22)

O amoroso olhar de terna mãezinha vê em seu filhinho um poema vivo de sublime beleza; seus ouvidos distinguem harmoniosa melodia no menor suspiro da querida criança e suas mãos recolhem carícias dos mal esboçados gestos infantis. E isto porque a mãe amorosa tem, para seu filho, bons os olhos, os ouvidos e as mãos, e todo o seu corpo, abatido embora pelo cumprimento de sagrada missão, irradia sagrado júbilo.

Quão sublime será o olhar de Jesus, se o de simples mãe terrena é tão bom!

Com infinito cuidado nos segue os passos, iluminando-se de alegria com o despertar de uma consciência e velando-se de tristeza às nossas repetidas quedas.

Nos olhos de sublime expressão do Mestre resplandece mais do que uma esperança: é a certeza de que a hora da redenção para todos há de soar e de que as bênçãos do Criador nos hão de a Ele conduzir.

Olvidai crucifixos e efígies de Jesus martirizado e procurai mentalizar seus olhos cheios de divina luz e sublime amor, fulgurantes faróis no escuro cenário espiritual terrestre, plenamente capazes de nos conduzir em segurança ao Criador.

10
A VIDA EM DEUS

"*O salário do pecado é a morte, mas o dom gratuito de Deus é a vida eterna, em Cristo Jesus nosso Senhor.*" (Romanos 6:23)

Há milênios permanece a humanidade terrena mergulhada em paixões inferiores e ignorância espiritual. E, se vem ela punindo-se a si mesma desde sempre, chegado é entretanto o momento em que obrigatoriamente deverá beber o cálice de maiores dores e aflições, pois já transborda esse cálice e a Divina Sabedoria determina que seja o mal eliminado pelos seus mesmos criadores.

Como disse Paulo, o resultado do erro é a privação da vida. Vemos então companheiros mortos no egoísmo, cristalizados nas paixões inferiores, paralíticos do entendimento, catalépticos do sentimento e estratificados na maldade.

Se a Vida Maior lhes acena com perspectivas de ventura, respondem com negativas ditadas pelo comodismo; se a espiritualidade lhes promete a redenção, milenário apego a satisfações animais lhes afirma, dominador: és meu, não tentes libertar-te. Se Jesus convida: vinde a mim, sua doce voz é abafada pelo clamor das velhas paixões porque se deixaram dominar. E, em pleno universo do Pai das Luzes, demoram-se nas trevas da própria consciência, autêntico esquife em que o Espírito se sufoca.

Mas a hora chega em que o mesmo Espírito, cansado e aflito, interroga-se em dolorosa perplexidade: Quem sou? Qual a finalidade de minha vida? E, mergulhando em seu próprio íntimo, busca avaliar suas conquistas no campo do entendimento e sua capacidade de amar desinteressadamente; pondo de parte, finalmente, orgulho e vaidade, procura ligar-se ao Ser Supremo, suplicando humildemente uma diretriz para seus passos.

Então, através de luta e esforço, de quedas e recomeços, e também de alegrias e consolações infinitas, entra na posse do dom de Deus: vida plena e florescente em seu infinito Reino.

11
APERFEIÇOAMENTO

"*Aquele que crê em mim fará as obras que faço.*" (João 14:12)

Alguns percebem nessas palavras de Jesus promessa de virmos a praticar fenômenos de cura tais como os que Ele realizou.

Recordemos, entretanto, que antes de ser Ele o Mestre, foi discípulo; antes de ser Cristo foi humilde; antes de se tornar Redentor de toda uma humanidade planetária redimiuse a Si mesmo; e ainda antes de ser nosso Irmão Maior foi simplesmente um dos filhos de Deus.

Disponhamo-nos a realizar primeiramente a tarefa de auto-redenção, autocura e auto-esclarecimento antes de pensarmos em libertar, retificar e iluminar o próximo, pois sem nos unirmos a Deus ninguém a Ele poderemos conduzir.

12
O REINO INTERNO – I

"*Nem todo o que me diz Senhor, Senhor! entrará no reino dos céus.*" (Mateus 7:21)

Parece estranho que o Mestre tenha excluído do reino do Pai alguns daqueles que o chamam Senhor. Analisemos mais detidamente o versículo.

Sabemos que o chamado reino dos céus não é um recinto em que se possa entrar, nem sequer, em sentido absoluto, um plano a que nos caiba ascender.

É, acima de tudo, um estado de espírito, o regozijo de quem experimenta a união com a Divindade. Então, só então, alcançado um princípio de união com Deus, é que temos a Jesus como absoluto Senhor de nossa vida.

E não julguemos que baste a boa vontade inoperante ou o simples desejo para nos colocar em submissão ao Criador: que pode fazer por nós a falsa consciência de elevação espiritual, o engano de uma aparente reforma segundo os conceitos evangélicos, a ilusão de estarmos redimidos e ainda de proferirmos a palavra Senhor em vão?

Invoquemos a Deus com humildade, rogando suas bênçãos em todos os momentos, mas não julguemos seja Ele realmente Senhor de nossas vidas enquanto alternarmos pensamentos elevados com ideias antifraternas, vibrações de amor com sentimentos menos caridosos, impulsos de avanço espiritual com quedas e erros.

Seja esse o nosso maior anseio: o de nos purificar para o "Reino dos céus".

13
A FORÇA DO AMOR

O amor, essência de Deus, possui imenso poder e tudo vence, a todos transforma e em toda parte estabelece a harmonia e a luz.

Encontra o amor inúmeros obstáculos por nós erguidos, mas que terminam por ceder ante sua enorme força. E a maioria desses obstáculos são íntimos, não externos. No entanto, costumamos clamar contra as trevas exteriores, dando menor importância às interiores. Mas, como poderá existir luz no mundo enquanto não a houver em nosso íntimo? Que trabalho de pacificação terá resultado se persistirmos na inquietude? Poderá vencer o amor enquanto criarmos alternativas de desentendimento?

Demos mãos mais forte a Jesus para que as suas encontrem apoio em seu ininterrupto abençoar e servir, e façamos de nossos corações receptáculos dignos das dádivas do divino amor que nos cabem distribuir.

14
PROPAGUEMOS O EVANGELHO

Abraçamos o ideal da propagação do Evangelho por toda parte, esquecidos por vezes de que não poderá existir amor universal enquanto não o houver nos pequenos agrupamentos humanos; não se estenderá a confiança na Divina Providência enquanto houver descrédito entre as criaturas; e grande desacerto é aguardar a redenção da humanidade e por ela pretender trabalhar ao mesmo tempo em que erramos, caímos e julgamos nosso próximo, esquecidos de que a obrigação dos Discípulos é acertar, elevar-se e tudo entregar ao misericordioso juízo de Deus.

Orientemos atos, pensamentos e palavras pelo Evangelho de Jesus se realmente desejamos sua expansão profunda e real pelo mundo, antes que as imperfeições do mundo nos absorvam devido à nossa invigilância na seara do Mestre.

15
O PODER DA FÉ

"*...Se tiverdes fé como um grão de mostarda, direis a este monte: passa daqui para acolá e ele passará; e nada vos será impossível.*" (Mateus 17:20)

Segundo a imagem empregada por Jesus, não é preciso ser a fé proporcional ao obstáculo que se deseje vencer: do tamanho de um grão de mostarda, basta para remover um monte, tal o seu potencial de energia.

Vemos, entretanto, muitos companheiros que, defrontados por dificuldades íntimas ou exteriores, fogem à luta, afirmando: tenho fé, porém, isto é superior às minhas forças; creio em Deus, mas, o mundo é mais poderoso que minha crença; estou consciente do poder redentor de Jesus, entretanto, minhas imperfeições me abatem invencivelmente.

Não olvidemos, porém, que, embora seja Deus onipotente, Jesus possui imenso cabedal de energia e amor, e os companheiros das esferas mais altas tudo fazem para nos libertar e erguer espiritualmente; a nós cabe valorizar e desenvolver sentimentos de fé e autoconfiança para cumprirmos a nossa parte no serviço de redenção própria.

16
PROTEÇÃO

"*E, passando, Jesus viu um homem cego de nascença.*" (João 9:1)

Embora o cego não pudesse perceber Jesus com os olhos da matéria, não deixou Este de o notar e, dele se aproximando, curá-lo.

Na verdade, o Mestre não desvia de nós seus olhos, cheios de solicitude e carinho, nem por um momento, ainda mesmo em nossas horas de erro e ingratidão. No entanto, a maioria de nós permanece ainda quase totalmente cega à presença de Jesus entre nós, presença bastante real, de vez que suas irradiações de amor e sabedoria constantemente nos envolvem, buscando penetrar e iluminar nossos Espíritos.

Em justa correspondência à Sua generosa expectativa procuremos, através do aperfeiçoamento evangélico, alcançar a percepção espiritual da divina presença em nós para que não mais venha o Cristo, com dor e sacrifício, ao nosso encontro, mas possamos a Ele ascender em gloriosa libertação.

17
COMO ELE AGIA

Auxiliava, sem vir a necessitar de outro amparo que não o de Deus; libertava, sem se deixar por sua vez envolver pelo mal; iluminava e esclarecia sem mergulhar em sombras: assim procedia Jesus.

Tornava mais leve a cruz de seus semelhantes não permitindo que lha pusessem sobre os ombros, carregando embora a sua com humildade e resignação; curava doenças físicas, punha termo a problemas morais, encerrava dolorosos casos de obsessão, mas permanecia invariavelmente em atitude de serenidade e nobreza espiritual.

Imitemo-lo, quanto possível: desçamos ao encontro dos que se detêm em planos de dor e revolta, erro e incompreensão, medo e sentimentos de culpa, sem perdermos o contato com os círculos do entendimento espiritual, para que não venhamos a ingressar, por nossa vez, no rol dos que permanecem em sofrimento e perplexidade, distantes do Amor e da Luz que fluem de Deus.

18
INSTRUMENTO DE REDENÇÃO

"*Em verdade vos digo que nem mesmo em Israel encontrei tanta fé.*" (Mateus 8:10)

Haveria possibilidade de se circunscrever a fé a determinadas regiões? E neste caso poderia ela existir em toda parte, independente de circunstâncias e livre de injunções esclarecendo, com segurança libertando, com amor retificando?

Certamente que não.

Naturalmente a fé brota de forma espontânea em qualquer um que lhe dê lugar em seu íntimo, não se ocupando com exclusividade de assuntos materiais e atividades sem significação espiritual.

Tem ainda a fé o poder de se irradiar e transmitir, pela simples evidência da riqueza que sua posse significa.

Tenhamos fé, pois que lhe conhecemos o poder; cultivemo-la, se estamos conscientes de seu valor; irradiemo-la para todos, em toda parte, pois fé se traduz em esperança e boa vontade, em conhecimento e libertação e, ao lado do amor, é o supremo instrumento de redenção humana, somente ele capaz de orientar o intelecto pelo caminho do Bem Maior.

19
UNIÃO

"*Todo o reino dividido contra si mesmo é devastado, e toda a cidade ou casa, dividida contra si mesma não subsistirá.*" (Mateus 12:25)

Não tem possibilidade de sobrevivência uma comunidade ou organização sacudida por divergências, abalada por questiúnculas, atrasada por um constante voltar ao passado em busca da renovação de velhas disputas internas.

Jesus, indiferente a limites geográficos, se movimentava por toda parte; desprendido de laços familiares, atendia a qualquer que lhe reclamasse assistência; liberto de preconceitos, não desdenhava ombrear-se com humildes pescadores na via pública, e estendia a bênção de sua presença amiga a criaturas difamadas aos olhos do mundo, porém não deserdadas pelo Pai.

Agisse diferentemente, e nos teria deixado uma bem pobre exemplificação do Evangelho que pregou; não fazendo exceção de pessoas e a todos estendendo o sublime convite à autolibertação, lançou os fundamentos de uma casa unida e poderosa.

Sejam os seguidores de seus passos e continuadores de sua obra, verdadeiramente fraternos, para que erga solidamente no conceito de todos esta Casa ampliando-se seu campo de serviço e socorro para salvação do maior número.

20
BENS MULTIPLICADOS

"*Não temos aqui senão cinco pães e dois peixes.*" (Mateus 14:17)

Se os pães e peixes não tivessem sido confiados a Jesus não teriam sido por Ele multiplicados.

Assim com os nossos recursos todos: se os não entregamos a Jesus, tornam-se estéreis ou causa de enganos. Mas, se os damos a Ele, multiplicam-se e ganham em poder, saciando a fome e a sede espirituais das multidões.

A Cristo oferecei tudo, pois Ele nada nos tira, antes nos enriquece com os melhores dons da Vida.

21
NÃO JULGAR

"Eu a ninguém julgo." (João 8:15)

Assim disse Jesus. E nós, que dizemos?

Há limites à nossa paciência e à nossa tolerância, cansamo-nos de repetir ensinamentos e de ajudar. Condenamos e abandonamos o companheiro que não nos atende como desejaríamos, que não assimila em breves instantes ensinamentos que talvez sejam para ele absolutas novidades; que não se transforma da noite para o dia em perfeito cristão.

Teremos olvidado a multimilenar paciência de Cristo para conosco? Para nós que, tanto sabendo, tanto erramos; tanto conhecendo, tão pouco praticamos seu Evangelho; tanto louvando o amor, tão pouco amamos?

A perfeita serenidade de Deus não se altera, por maiores que sejam nossos desvios. Por que nos alteramos nós ante pequenas falhas do próximo humano e falível, se não é ele mais falível e humano do que nós? Como justificaremos nossos apressados julgamentos, juízos condenatórios e ausência de tolerância?

Semeemos sempre muito Amor, se quisermos colher um pouquinho dele na Terra, e inesgotável tesouro nos estará reservado na eternidade.

22
CENTO POR UM – I

"...*produziu fruto, cento por um.*" (Lucas 8:8)

Notícias chegam a múltiplos ouvidos; quem ajuda é procurado por muitos; quem responde a perguntas de natureza espiritual atrai multidões; quem pode curar atrai milhares.

Cento por um! Grande responsabilidade a do seareiro: a palavra impensada também chegará a cem ouvidos, ganhando em peso e importância; o gesto irrefletido se repetirá ante um sem número de espectadores; o engano será aproveitado pelos adversários em suas argumentações destrutivas.

Muitos são os que, incapazes de mais profundo discernimento, julgam o Cristianismo pelos seus seguidores, o Espiritismo pelos que se dizem Espíritas.

Como embaixadores de Jesus, representai-o condignamente, pois estais cercados por multidões atentas e severas, num e noutro plano.

23
O PÃO ESPIRITUAL

" *Nem só de pão viverá o homem.*" (Mateus 4:4)

Nos primórdios de sua evolução, contenta-se o homem com o pão e o agasalho, o abrigo contra as intempéries e uma companheira que seja sua "ajudadora", como relata o *Gênese* ter sido Eva para Adão, simbólicas figuras do princípio da vida humana na Terra.

Aos poucos, vão-se ampliando suas necessidades e interesses: já não o satisfaz qualquer alimento, surgindo os pródromos de uma arte culinária mais requintada; suas roupas devem não apenas agasalhá-lo, mas também primar pela elegância do corte e qualidade do material; não procura tosco abrigo, porém faz de sua moradia um recanto de beleza e conforto, se possível, um repositório de objetos de arte e luxo; quanto à companheira, desdenharia qualquer das que o satisfaziam primitivamente, por grosseiras e intelectualmante limitadas, tornado exigente em sua escolha, não mais de uma escrava, antes de um Espírito feminino que lhe compartilhe sentimentos e anseios da alma.

Assim se sutiliza e aproxima de Deus a humanidade, desde o momento em que desperta para as necessidades do Espírito, passando a exigir, além do pão, o livro; apreciando não só a caça, mas também a música; vendo na companheira mais do que simples instrumento de satisfação, uma sua igual perante o Criador, merecedora de consideração e respeito, ternura e amparo.

Evoluímos lentamente, é verdade, mas com segurança, sem jamais regredir.

Descortinam-se ante nós vastas possibilidades da mente e do sentimento que aguardam, ainda latentes, nosso despertar mais amplo, pois vivemos, quais "icebergs", pouco nos projetando acima das águas lentas e carregadas de detritos do passado, que rolam em nosso campo psíquico.

Compreendamos o Evangelho de Jesus em sua real profundidade e significação, pois nos há de conduzir da simples necessidade de pão material ao alimento espiritual, ainda singelo, às sublimes realizações para nós incompreensíveis, das almas cristificadas.

24
NÃO AFUNDAR

Jesus andando sobre o mar: imagem de profunda significação.

Acima, o céu; sob seus pés, o abismo das águas; próximo a Ele, seus Discípulos numa agonia de terror; em toda parte, Deus.

Jesus, viva representação da fé, caminhou sereno; mas nós outros, em marcha sobre oceanos de inferioridade, cheios de escolhos, povoados de rochedos em que entoam cânticos as sereias da ilusão, e onde flutuam ao sabor da displicência espiritual tantos companheiros, temos permanecido conscientes da Divina Presença e, mais do que conscientes, confiantes? Temo-nos mantido em permanente ligação com o chamado Céu, ou Planos Superiores?

Se, como Pedro, rogamos o amparo de Jesus, tenhamos presente que, se nos vacila a fé, tal como ele, principiamos a afundar e, se não percebermos, em tempo que estamos mergulhando em escuras águas de obsessão e desequilíbrio, a nós mesmos caberá, trabalhosos e sofredores, voltar à tona e regressar à presença do Mestre que, estendendo-nos a mão, aguarda que a retenhamos com humildade e amor, confiança e entendimento claro.

Permita Jesus que saibamos corresponder ao seu amparo de todas as horas, achegando-nos a Deus pelas vias do trabalho esclarecido e do amor sublimado.

25
DESILUSÕES

"*E no seu nome os gentios esperarão.*" (Mateus 12:21)

Conscientemente ou não, vivemos em expectativa: quando menos espiritualizados, aguardamos que sensações puramente materiais nos tragam felicidade, e insistimos na repetição de experiências que redundam em passageiro contentamento; se estamos interessados num aprimoramento puramente intelectual, contamos que novas leituras, cursos ou conferências nos aquietem a sede sempre renovada de saber; se buscamos evidência pessoal no cenário humano, aquisições, conhecimentos sociais e oportunidades de projeção deveriam estas acalmar a ambição que nos fustiga, quando apenas a exacerbam; e se nos iludimos no campo das conquistas, sob a falsa denominação de amor, encontramos invariavelmente a decepção, por desprezarmos o íntimo das criaturas com que nos associamos, furtando-nos a penetrar problemas e solver angústias, para nos determos na superfície do sentimento e nos afundarmos nas paixões.

Entretanto, se esperarmos, ainda que muito longamente, em Jesus, não seremos desenganados, pois alcançaremos íntima harmonia, amplo entendimento e o desenvolvimento de sublimes possibilidades em nós latentes.

Esperemos em Seu nome, porém não passivamente: ofereçamos a Jesus corações e mentes purificados pelo Evangelho, e ele nos dará a plenitude de Sua graça, não como dom gratuito, antes merecido; e por merecido, fadado a produzir em nós a eclosão do verdadeiro Amor e da perfeita Sabedoria.

26
MODOS DE VER

"Impossível — afirma o indolente ante qualquer projeto de realização maior; 'sucesso garantido' — exclama o entusiasta; 'tentarei' — diz o equilibrado."

Quem poderia crer que o Evangelho de Jesus, figura humilde e sem projeção social, despretensioso em todas as suas atitudes e mais ocupado com os pobres e doentes do que com as pessoas de influência, se estenderia por toda Terra depois que abriu Ele seus braços na cruz num gesto de sublimado perdão?

Alguns afirmaram ser o plano de um visionário; outros creram que a difusão de Seus ensinamentos seria miraculosamente rápida; mas aqueles outros, dotados de bom senso e visão mais profunda, frutos de seu adiantamento espiritual, puseram-se em campo: trabalharam, lutaram e sofreram. E o Evangelho se espalhou, senão em profundidade, pelo menos em muito apreciável extensão.

Dos primeiros, muitos permanecem no mesmo comodismo espiritual e, ainda hoje mal despertos, aguardam melhores circunstâncias para servir, maior evidência para crer; aqueles que caíram em extremos de confiança deixaram-se dominar por perigosas ilusões no terreno religioso, ou aguardam, passivamente, que o Céu cuide da redenção da terra como lhe seja possível; mas os que colaboram utilmente formam, com Jesus, o exército da paz que terminará por expulsar do mundo os fantasmas da descrença e do comodismo, da indiferença e dos interesses imediatistas, das sombras do fanatismo e do desequilíbrio.

Prefere o Divino Amor, entretanto, que sejam afastados apenas os defeitos morais e as viciações da mente, e não os homens seus portadores. Lutemos por libertá-los, pois, se salvarmos uma só alma dos perigos que em si mesma residem, não teremos trabalhado inutilmente, mas com imenso proveito.

27
O TRABALHO

"*Meu Pai trabalha até agora, e eu trabalho também.*" (João 5:17)

Deus é atividade, força sempre atuante, poder criador em ação. Também Jesus é força em atividade, amor agindo sempre.

Muitos de nós permanecemos na incompreensão de que o trabalho é lei da vida, não como um peso, antes feita para valorizar a mesma vida, livrando-nos do tédio e das quedas que sempre ameaçam o indolente e o desocupado.

O trabalho enobrece, equilibra e acentua a evolução espiritual, desenvolvendo-nos aptidões várias, burilando-nos ao contato dos companheiros menos afins, reconfortando-nos no convívio com os que nos sejam particularmente simpáticos.

Servindo, crescemos para Jesus, exemplo de atividade sábia e amorosa.

Amai o trabalho, pois é um dom do Deus de amor.

28
FUGIR DE ENGANOS

Longamente utiliza Deus recursos amorosos para despertar as criaturas à vivência do mesmo amor. Recalcitrantes, desprezando o espírito e endeusando a matéria, abrimos entrada à dor para participar de nossa vida.

Se atendemos ao chamado do divino amor e em fraternal amor vivemos, para Deus caminhamos em paz. Se ignoramos Sua luz, fazem-se em nós trevas. Se voltamos as costas às oportunidades de redenção, enredamo-nos em lodaçais de angústia, dúvida e torturante materialidade. Se desdenhamos a saúde espiritual, foge-nos a higidez física; se desprezamos os tesouros da espiritualidade e a santa alegria de sua posse, devotando-nos por inteiro ao reino de César, despertamos um dia com um punhado de cinzas nas mãos e um manto esfarrapado de extinta glória terrena aos ombros.

Cabe-nos escolher entre o róseo do amor, o dourado da ciência, o azul da espiritualidade, e as sombrias cores que entretecem a mente enferma e o sentimento em desequilíbrio, a se traduzirem, cedo ou tarde, em amarguradas lágrimas e apressados propósitos de redenção, sem dúvida valiosos e respeitáveis, entretanto, sem o mérito e alegria da espontaneidade dos que para Deus caminham sem o aguilhão da dor a impeli-los.

Deus vos dê a paz e vos permita ornardes vossas auras com as mais belas tonalidades para receberdes o amor de Jesus.

29
SIGNIFICAÇÃO DO NATAL

Jesus está mais próximo na época do Natal: percebem-se um sutilizar de vibrações, um renovar de esperanças, um renascer da Boa Nova, mais fé e amor.

Se, para muitos, por falta de compreensão, o Natal é festa quase pagã pela gula, extravagância e ostentação, para os verdadeiros cristãos deve ser um impulso de confraternização e sentimento de regozijo espiritual a se estender pela eternidade afora, irradiando para o mundo todo, com o que este encerre de belo e de disforme, de suave e de áspero, de bom e de mau, pois, se houver amor e boa vontade, tudo se afeiçoará às leis do Criador sábio e magnânimo que nos atribui responsabilidades e concede recursos para elevação própria e auxílio a todos.

Seja o Natal de Jesus efeméride permanente em nossos corações, para que em toda parte haja um raio de amor e uma centelha de entendimento.

30
CONDUTA CERTA

"Nem todo o que me diz: Senhor, Senhor, entrará no reino dos céus, mas aquele que faz a vontade de meu Pai, que está nos céus". (Mateus 7:21)

Ouvem-se constantemente referências à Divindade, e em momentos de angústia é o Criador ardentemente invocado. No entanto, se fácil é exclamar "Senhor!", difícil é tê-lo como verdadeiro senhor nosso.

Se invocamos ao Senhor quando em dificuldade e tribulação, é mister que d'Ele nos lembremos também nas horas de paz. E se existe quem duvide de Sua justiça e bondade ao contemplar o grande sofrimento humano, necessário é que se disponha a conhecer o Divino Amor, pois este sobre tudo se estende de forma quase palpável e bastante perceptível.

Por enquanto densos véus, de nossa própria criação, ocultam-nos a refulgência da infinita luz da Divindade, mas, com o Seu auxílio poderemos, através do tempo, desfazer tais véus e alcançar o necessário entendimento espiritual; e, conquistada uma compreensão maior da vida, não vacilaremos em ter a Deus como único Senhor, pois nos sentiremos inundados de luz e harmonia interiores.

31
PUREZA ÍNTIMA

"Amigo, como entrastes aqui, não tendo vestido nupcial?" (Mateus 22:12)

Seria bastante estranho que, tendo o personagem da parábola das bodas narrada pelo Mestre ordenado a seus servidores que trouxessem para o recinto de sua celebração qualquer que encontrasse pelos caminhos, sem distinção entre ricos e pobres, sadios e estropiados, viesse depois a expulsar da sala um convidado, apenas por não estar ele adequadamente trajado.

Entretanto, a reunião festiva a que se reportou o Mestre é o banquete espiritual a que são admitidos os que lutam por alcançar a própria redenção. Quanto ao traje nupcial, indispensável a quem deseje ser admitido à divina presença, é simplesmente o nosso perispírito, o qual nos cabe purificar e espiritualizar, para que nos possibilite ascender a planos de luz e amor, pois se todos temos recebido esporadicamente a oportunidade bendita de visitar regiões superiores a título de estímulo e reconforto, não podemos por enquanto contar com definitiva admissão a ambientes onde reina soberano o Cristo.

Que a divina bondade nos faculte, pelo constante esforço de autoreforma e purificação íntima, conquistar suficiente mérito para nos alçarmos definitivamente aos planos da luz a que nos convida o Mestre.

32
VIGILÂNCIA ETERNA

"E Ele, despertando, repreendeu o vento e disse ao mar: cala-te, aquieta-te. E o vento se aquietou, e houve grande bonança." (Marcos 4:39)

Ao lermos a passagem em que, estando Jesus e seus discípulos num barquinho, formou-se tempestade tão grande que recearam seus companheiros, usados embora às lides do mar, vir a perecer, estranhamos que pudesse o Mestre estar adormecido, indiferente ao perigo que corriam não só seus seguidores, mas ainda sua preciosa organização física.

Não seria possível a Jesus, que vivia em constante vigilância, adormecer e permitir que corressem tal risco seus companheiros e fosse posto em perigo seu próprio corpo material. O que terá sucedido é que adormecera a fé dos que com Ele estavam, fé que deveriam depositar não apenas no Criador e em Jesus, seu mensageiro, mas ainda em seu próprio merecimento que os tornava dignos da mais ampla proteção espiritual. E, por vacilarem, despertaram o Mestre que, acordando, lhes disse: "Por que sois tão tímidos? Ainda não tendes fé?", o que prova que estava esta adormecida, à espera de que a pusessem em ação seus possuidores, sem necessidade de perturbarem o repouso de Jesus. Tudo não teria passado de um teste a que submetera Ele os seus discípulos, permanecendo, entretanto, atento e pronto a intervir quando fosse necessário.

Aplica-se a quase todos essa lição do Evangelho, pois em muitos corações enregelou-se a fé e permanece adormecido o Cristo, sendo despertado em seu longo repouso apenas nos momentos de aflição maior para que, à pressa, manifeste seu poder de amparar e socorrer.

Mantenhamos o Cristo vivo e desperto em nosso íntimo, através do orar e vigiar, amar e servir, para que não naufraguemos no oceano de dificuldades que se opõem ao nosso progresso espiritual. Jesus, que prometeu estar conosco até a consumação dos séculos, é nosso companheiro sempre vigilante, e a nós cabe secundá-lo em sua constante ação em benefício nosso e de todos.

33
OS PEQUENINOS

"E quem receber uma criança, tal como esta, em meu nome, a mim me recebe." (Mateus 18:5)

Ato bastante meritório pratica quem acolhe e protege a inocência infantil. Mas não esqueçamos também que por toda parte há aparentes adultos que permanecem pequeninos em virtude e entendimento, e, ainda que estejam eles isentos da necessidade de proteção material, espera o Mestre que os acolhamos de boa mente em nosso meio.

Jesus, em sua humildade, afirmou que ao recebermos um pequenino a Ele estaríamos acolhendo, e sente-se realmente reconhecido quando, violentando nossos sentimentos habitualmente pouco propensos a tais gestos, dispensamos fraternal tratamento àqueles para com quem experimentamos pouca ou nenhuma afinidade, pois o seu magnânimo coração coloca-se invariavelmente junto à ovelha desgarrada, procurando conduzi-la de volta ao aprisco, partilhando da inconsciente angústia e insatisfação de quem, longe do Criador, anseia, sem o saber, pelo entendimento da Verdade e pela retificação dos próprios pensamentos e atos.

34
BUSCAR SEMPRE

"Buscai e encontrareis." (Mateus 7:7)

Esta palavra do Mestre corresponde, em escala maior do que julgam muitos, à realidade. Senão vejamos: se o Espírito permanece dominado pelo desejo de determinadas aquisições no campo material, ainda que as não alcance, vive rodeado de uma atmosfera saturada, por assim dizer, de pensamentos e vibrações relativas ao objeto de suas ambições, o que não deixa de ser uma sutil forma de satisfação, bastante real no entanto, de vez que, inexistente essa satisfação, não seriam auras desse teor tão zelosamente cultivadas por seus possuidores...

Mas é no sublime campo das conquistas espirituais que se realiza notavelmente o "busca e encontrarás" do Divino Mestre, pois se é com a finalidade do próprio aperfeiçoamento que foi a alma criada, é este aperfeiçoamento um natural movimento do Espírito, nada menos espontâneo por mais trabalhoso que pareça.

E sobre tudo e todos repousa a perfeita misericórdia do Criador, ofertando a mãos cheias suas preciosas bênçãos, as quais, nem por serem ignoradas pela imensa maioria, deixam de se constituir naquilo que a humanidade, sem o saber, procura e constantemente encontra para tornar a perder, até que aprenda a buscar, achar e conservar.

35
TUDO A SEU TEMPO

"Há tempo de derribar, e tempo de edificar." (Eclesiastes 3:3)

O Pai de amor infinito nos permite agir segundo nosso entendimento, às vezes bastante precário, em amplo uso do livre-arbítrio que nos coloca acima dos demais reinos da natureza.

Entretanto nosso entendimento, por mais imperfeito, nos leva a uso indiscriminado das possibilidades que nos concede o Criador, e destruímos a beleza e a harmonia da vida no planeta. E como poderia Deus, todo justiça, amor e sabedoria, retificar nossos desviados caminhos sem nos tolher a liberdade de ação com que nos coroou Ele mesmo, senão permitindo que, atingindo o mal e a dor, extremos estarrecedores no cenário humano, se horrorizem seus mesmos criadores à vista de suas pavorosas obras e, finalmente arrependidos, espontaneamente busquem reconstruir o infinito Bem cuja manifestação perturbaram?

Em tudo louvemos a Deus, pois sobre tudo agem incansavelmente seus ilimitados recursos de amor e sabedoria.

36
TOLERÂNCIA

"Veio teu irmão; e teu pai matou o bezerro cevado, porque o recebeu são e salvo." (Lucas 15:27)

Tal a explicação dada pelo criado ao irmão daquele que, se havia sido pródigo e irrefletido, soubera, no momento necessário, abrir seu coração ao sentimento da humildade e ouvir as exortações do bom senso, de forma que, desesperado e sem recursos, não vacilou em recorrer à benignidade paterna.

E, generosamente, não lhe regateou seu pai expressões de carinho e esquecimento de graves ofensas. Por isso, ordenou o sacrifício do bezerro cevado, que se reservava para grande ocasião e hóspede de categoria.

Se nós, atendendo a imperativo evangélico, não deixamos de receber os companheiros que outrora nos ofenderam e hoje nos procuram, é importante recordar que a lição do Mestre prescreve mais do que fria acolhida e magro auxílio: o genitor da parábola ofereceu rico vestido, precioso anel, cômodo calçado e farta refeição ao filho que o procurou empobrecido, cheio de mágoa e arrependimento.

Permita o Senhor que, sinceramente experimentando a sublime fraternidade que pela Sua sabedoria a todos nos une, acolhamos com generosidade os companheiros que, se hoje desertam de nosso convívio, seguramente amanhã retornarão com menos altivez e mais profundo entendimento.

37
DISSENSÃO

"Cuidais vós que vim trazer paz à terra? Não, vos digo, mas antes dissensão." (Lucas 12:51)

Paradoxalmente, Jesus, o mensageiro sublime de concórdia e amor, teve seus ensinamentos transformados em motivo de graves dissensões entre os homens, pois não só se dividiu a humanidade em dois grupos, um que os aceitava e outro que os ignorava ou combatia acirradamente, como ainda entre os que os seguiam ou pretendiam seguir não tardaram a surgir terríveis divergências. E, à medida que o homem progride intelectualmente, acentuam-se tais divergências, servindo o Evangelho redentor do Mestre de base para interpretações extravagantes e conclusões dolorosamente inexatas.

Peçamos ao Senhor que permita Ele se estabeleça em cada lar o culto da leitura evangélica, e por toda a parte a sua prática irrestrita, pois quando for devidamente compreendida a profunda síntese feita pelo Mestre ao afirmar que a Lei se resume no puro amor já não haverá dissensão, e sim paz.

38
COMO JULGAR

"Não julgueis segundo a aparência, mas julgai segundo a reta justiça." (João 7:24)

Com estas palavras não nos autorizou Jesus a julgar desta maneira de preferência àquela, antes nos recomendou que nos abstivéssemos de o fazer, pois quem de nós poderia, abstraindo de toda a aparência, emitir parecer de conformidade com uma perfeita justiça?

Muito distantes permanecemos ainda de tal possibilidade, pois mesmo desencarnados prosseguimos envoltos em imperfeições e prejuízos de variada classe, e constantemente recorremos a planos mais elevados para a solução dos problemas e dificuldades não apenas nossos, mas ainda atinentes às intervenções a que procedemos na esfera material do globo.

Qualquer rogativa terrestre mais avançada movimenta não apenas as entidades espirituais particularmente ligadas ao requerente, mas ainda, muitas vezes, é transmitida de plano em plano, ascendendo em direção a quem, isento de prejuízos e dotado de notável senso de equidade, possa dar parecer final a respeito. E isto, acentuamos, sem assumir posição de juiz, antes como humilde preposto da divina justiça.

Abstenhamo-nos de julgar, pois o próprio Cristo, todo entendimento e amor, afirmou: "E, se alguém ouvir as minhas palavras, e não crer, eu não o julgo: porque eu vim não para julgar o mundo, mas para salvar o mundo." (João 12:47)

39
NÃO PASSARÃO

"Passará o céu e a terra, mas as minhas palavras não passarão." (Marcos 13:31)

O Divino Mestre não possui sombra de vaidade, e jamais desejou que suas palavras, textualmente conservadas, passassem de geração em geração em veneráveis registros. Antes, será para Ele um dia de júbilo imenso o dia em que a humanidade poderá olvidar todas as expressões verbais de sua doutrina, embora grandiosas em sua humildade e sabedoria, por tê-las já gravadas em seu íntimo. Então haverá alegria sem par no coração de Jesus, alegria semelhante, em pálida comparação, à do mestre que vê o aprendiz por de lado cartilha e abecedário por inúteis, de vez que aprendeu a ler.

Façamos por corresponder ao anseio nobre e afetuoso de Jesus, que aguarda o ingresso triunfal de seus irmãozinhos menores em mais avançados cursos de evolução para o entendimento e amor sem fim.

40
ATÉ QUE VENHA

"Se eu quero que ele fique até que eu venha, que te importa a ti?" (João 21:22)

Nenhum educador terreno consciencioso permitiria que deixasse seu estabelecimento de ensino, passando a outro mais avançado, um aluno relapso. Assim o Mestre: até que espontaneamente permitamos que Ele venha a nós e em nós habite estaremos ligados aos planos inferiores com que nos afinamos.

Almejamos por vezes transpor de um salto a distância que nos separa dos planos espirituais superiores, desejamos abandonar a terra levando em nosso íntimo a pobre imagem de um Cristo crucificado, mas não será assim: só alcançaremos o céu interior prometido quando viver o Cristo em nós. Aqui ficaremos, pois, até que Ele venha, por nossa permissão, buscar-nos.

Possa Ele vir em breve tempo para que passemos à plenitude da vida eterna, em ascensão para Deus junto com Jesus.

41
JUSTIÇA NOS PAGAMENTOS

"Em verdade te digo que de maneira nenhuma sairás dali enquanto não pagares o último ceitil." (Mateus 5:26)

Podem-se burlar as leis humanas, jamais as divinas. Deixam-se por saldar dívidas para com nossos companheiros, porém cedo ou tarde comparecemos ao tribunal da própria consciência, afinal desperta. Prometemos e não cumprimos, porém as entidades que dirigem os destinos da Terra sempre cumprem o que prometem. Assim Jesus, em sua peregrinação sacrificial, deu cumprimento a todas as profecias relativas ao advento e pode dizer no último instante do drama do calvário: — Está consumado.

Nós, ao fim de quantas jornadas terrenas dissemos já: — Vã foi minha vida, pobre retorno à pátria espiritual.

A lei nos cobra todas as dívidas, faz-nos pagar todos os desvios, severamente nos inquire sobre todo o desperdício, seja de fortuna, saúde ou recursos morais e espirituais. Respondemos pela moeda esbanjada, pelos dons consumidos a serviço das paixões, pelas palavras ociosas e pelos gestos inúteis, ditados pelo tédio, pela vaidade, pela ausência de fé.

Deus vos ajude a resgatardes até o último ceitil enquanto estais em pleno caminho da luz, antes que as trevas vos colham em suas redes de ásperas provações.

42
PALAVRAS...

"Em todos os tempos as multidões se deixaram arrebatar por oradores de escol."

Em se tratando de pregação doutrinária, muito importante é o exemplo de quem fala. Jesus foi analisado minuciosamente por seus ouvintes e seguidores, e nele não se achou falta alguma, exceto as que fantasiam a inveja e a incompreensão.

Muitos oradores espíritas falam bem, arrebatam, comovem, impressionam, despertam consciências. E depois? No convívio particular é que se avalia o real valor de cada um. Se o testemunho dos atos é falho, de pouco fruto será a pregação, pois um rastilho de difamação acompanhará o orador.

Jesus muito pregou verbalmente, porém vos asseguramos que muito mais o fez pelo exemplo, pelo olhar compassivo a quem o insultava, pela bênção silenciosa a quem lhe não respeitava a estatura espiritual, pela paciência em todas as dificuldades, canseiras e privações das humildes circunstâncias em que viveu.

Oxalá sejais pregadores vivificados e santificados pelo Evangelho para que, ainda mesmo em vos faltando tribunas e auditórios, pregueis pela doçura do olhar, ternura dos gestos, sobriedade das atitudes, equidade das decisões.

43
SEMEADURA

"E outra caiu em boa terra e deu fruto, que vingou e cresceu; e um produziu trinta, outro sessenta, e outro cem." (Marcos 4:8)

Tudo se multiplica na vida, ecoa em seus infinitos labirintos, reflete-se de várias formas, expande-se longamente e palpita a todo tempo, pois nada se perde na constante renovação do Universo.

Sendo este mundo imperfeito, nem todos os frutos de nossas ações poderiam ser perfeitos, nem tudo que fazemos sairá a primor, nem toda a intenção digna se materializa em nobre atitude.

Mas nem por isso se deve deter o trabalhador do bem. Semear é seu dever, a colheita a Deus pertence. Frutos perfeitos caberão a quem menos imperfeito seja; frutos defeituosos, embora todo o carinho do semeador, aos mutilados do Espírito; frutos ricos e sazonados não se darão aos que voluntariamente estagiam na incapacidade de receber os dons divinos.

Semeai com carinho, e amor colhereis; semeai com discernimento, e vossa há de ser a sabedoria maior; semeai sem descanso, e repousareis no Inefável.

44
NENHUM SE PERDERÁ

"Assim também não é da vontade do Pai que um destes pequeninos se perca." (Mateus 18:14)

Tudo que a vida nos oferta é com vistas a nossa elevação; dores, angústias e até mesmo tentações têm a finalidade de nos aperfeiçoar.

O Absoluto não esmagaria a ninguém, antes busca nossa integração na realidade maior; não nos criou para sofrimento e desequilíbrio, e sim para a felicidade e a harmonia resultantes do útil emprego de nossa capacidade realizadora.

Não é da vontade do Pai que alguém se perca, porém muitas vezes nos distanciamos d'Ele e vagamos longamente nos abismos de treva, incompreensão e angústia.

Mas para todos chega o dia de uma aurora espiritual e renovadora, libertando a criatura de todo o temor e desconfiança com relação à grandiosidade da Vida, generosa doação do Criador.

Não vos percais nas sombras da inquietação, buscai antes refletir a divina luz, e hoje mesmo se dará, para vós, o grande reencontro da criatura com o Criador.

45
PERFEIÇÃO DIFÍCIL

"Sede perfeitos." (Mateus 5:48)

Ideais supremos existem em todas as religiões, chamem-se santidade, libertação, renúncia, ausência de desejo, integração no Absoluto. Invariavelmente são de difícil alcance: a luta é árdua, o esforço estrênuo, chocam-se violentamente luz e treva no íntimo do Espírito, tornado em campo de batalha.

Passa o tempo e com ele, muitas vezes, o fervor religioso. Ocorre uma certa acomodação, julga-se alcançada uma estabilidade emotiva e cessa a luta, estabelecendo-se displicência e invigilância.

Corre então perigo ainda maior o Espírito, do que no princípio da jornada, porque antes sabia-se fraco e socorria-se do poder de Deus; temia e orava; reconhecia-se ignorante, e buscava aprender; considerava a insipiência de seu progresso e ansiava por mais amplo avanço.

Já agora a ele se aplicam as palavras do Cordeiro do Apocalipse (3:17); "dizes que estás rico, e de nada tens falta, e desconheces tua nudez e pobreza". E a mais dolorosa indigência espiritual não é nada ter; é superestimar, por vaidade ou autocomplacência, o que se tem.

Espíritas, vigiai e orai, não esquecendo que as forças do mal rondam "em grande ira, sabendo que lhes resta pouco tempo". (Apocalipse 12:12)

46
EXEMPLO VIVO

Paulo, o apóstolo dos Gentios, será reverenciado enquanto se conservarem registros da história do cristianismo primitivo. Era imenso na abnegação, invariável na fé, incansável no ardor missionário, extraordinário na bondade, admirável na coragem.

Seríamos pálida imitação sua na seara em que nos colocou a Divina Sabedoria? Paulo percorreu todo o mundo então conhecido, não receando enfrentar os perigos do mar, o desconforto das longas viagens, o cansaço das intermináveis caminhadas, e nós fugimos pequena jornada em benefício do próximo; Paulo pregou a todos aqueles a quem o Senhor o enviara, e nós nos furtamos a permanecer no ambiente doméstico, local onde por excelência deveríamos ser mensagens de luz, mais do que o estritamente necessário; Paulo enfrentou as potestades do espaço e da terra, nós a todo momento nos acovardamos, e elegantemente rotulamos nossa covardia como "respeito humano"; Paulo, uma vez ouvida a palavra de Jesus, não a esqueceu nunca, nós a ouvimos há dois milênios, e só a recordamos para doutrinar o próximo, raramente no momento da tentação. Paulo viveu em plenitude o ideal cristão; e nós?

Prestemos a Paulo de Tarso o preito agradecido de nossa admiração e respeito, mas lembremos que ele não se limitou a ser grato e reverente ao Mestre, mas soube servi-lo em espírito e verdade, em fé e constância, em amor e renúncia, em coragem e pureza.

47
DESPRENDIMENTO

"... o filho do homem não tem onde reclinar a cabeça." (Mateus 8:20)

De que vale a alguém ter o maior conforto, se consciência opressa lhe vedar o descanso?

Melhor repousava o Mestre na maior simplicidade, do que o poderoso torturado pelo medo de que poder maior que o seu se levante e o aniquile. Melhor vive a criatura desprendida em sua pobreza, que o opulento magnata inseguro na impermanência dos bens terrenos. Maior é a ventura do pobre que se alegra com os dons gratuitos da natureza que a do detentor de grandes bens que nunca lhe parecem suficientes.

Se pudésseis pousar à noite, ainda mesmo na mais dura almofada, cabeça enobrecida por elevados ideais, coração felicitado pela confiança em Deus e no bem intrínseco que existe em cada criatura, muito felizes seríeis, pois não apenas estaria Jesus convosco, mas vós com Ele. E que maior ventura, que maior segurança, que maior conforto e riqueza que estar alguém com Jesus?

48
LENTIDÃO NATURAL

Lenta é a evolução do Espírito, e sua impaciência retarda-lhe o progresso, fazendo com que perca as conquistas ainda não consolidadas nesse campo, de vez que se traduz num impulso quase autodestrutivo. Se as deficiências individuais não devem ser acalentadas por ninguém, tampouco merecem desapiedade crítica, mas sim criterioso estudo para uma correção segura e permanente.

O Mestre afirmou que deveríamos tomar nossa cruz e seguir após Ele, cruz formada por nossas imperfeições e as de nossos semelhantes, e todo o sofrimento que delas nos advém.

Se, sobrepondo-nos à inferioridade própria e ambiente, nos soubermos manter em ligação com Jesus, dele nos virão eflúvios de fé e entendimento bastante poderosos para que percebamos a grandeza do Divino Amor. Então, empolgados pela perspectiva do Infinito, perceberemos o mal que ora nos aflige como rápido incidente na ascensão do Espírito para Deus.

49
DIFUSÃO DO EVANGELHO

Afirmou Jesus que o Evangelho seria pregado em toda a Terra. E realmente multiplicam-se pregadores e pregações, divulgam-se cópias da Bíblia e interpretações tão numerosas quão variadas. Falta, porém, quase que por completo a vivência dos ensinamentos de Cristo.

De suma importância para incentivo da prática evangélica é o seu entendimento, pois recomendações cujo sentido se não apreende em profundidade despertam rebeldias e desencorajam obediências. Para que se passasse do ensinar quase estéril às mais amplas elucidações enviou-nos Cristo o Espiritismo Consolador, e fomos convocados a difundi-lo.

Difícil é a luta, pois grandes são os preconceitos; por toda parte erradas interpretações de há muito lançaram fundas raízes e há enorme interesse da treva em apagar, ou pelo menos amortecer a luz que vem do Mestre através do Espiritismo. Mas Deus é detentor de sumo poder e bondade, e os mesmos que ontem combateram o Evangelho hoje por ele trabalham denodadamente, e aos que hoje lhe obstam a difusão amanhã será tempo de o servir.

Quando o desânimo vos envolver, as dificuldades forem grandes e muitos falharem nos compromissos assumidos, lembrai-vos de que o Mestre, aparentemente só no alto da cruz deu cumprimento à sua profecia de que "todos atrairia a si".

50
SANTIFICAÇÃO

"Santificado seja o teu nome". (Mateus 6:9)

O nome de Deus não necessita que o glorifiquemos, pois é excelente e nobre além do entendimento humano. Entretanto é mister reverenciá-Lo, não o empregando em expressões corriqueiras ou irreverentes, nem usando a palavra "Divino" como adjetivo que possa ser aposto a qualquer objeto belo ou deleitável.

Deus é a suprema perfeição; se não O amamos e reverenciamos desvalorizamo-nos a nós próprios, sem jamais lhe afetar a natureza serena e complacente.

Se não mantemos constante elevação espiritual contribuímos para que a glória do Criador seja menor, naturalmente apenas aos olhos das criaturas humanas, pois estas, em seu entendimento precário, entretanto ousado, deixam que a imperfeição terrestre vele a divina perfeição.

Tenhamos presente a recomendação de Jesus quanto à nossa perfectibilidade e ainda que somos verdadeiras amostras do poder divino, com imenso cabedal de possibilidades embrionárias que de nós farão, quando nos colocarmos em posição de refletir a glória de Deus, anjos tutelares.

Permita o Criador que sejam os espíritas realmente conhecidos por sua transformação moral e amorosa serenidade, em testemunho libertador de muitas outras consciências do Divino Poder Santificante.

51
LUTEMOS PELA PAZ

A paz de Jesus esteja entre vós agora e sempre, e estai vós em paz uns com os outros.

Harmonizai-vos inteiramente, procurai sintonizar com esferas sempre mais elevadas, e alcançareis maior progresso e bem-estar espirituais, maiores possibilidades de realização e amplos setores de trabalho onde muito bem podereis realizar, amparando e esclarecendo.

Mesmo quando o mundo se perturba e se desequilibra, mergulhado em expansões de alegria quase selvagem, o verdadeiro discípulo sabe, unido ao Mestre, como que pairar acima de pesadas ondas vibratórias e auxiliar aos que, nelas mergulhados, se arriscam a muito perder e a criar sérios compromissos, de difícil solução.

Mantendo-vos em prece e vigilância, não somente para vos preservardes, mas também para que os danos de momentânea satisfação sejam menos dolorosos àqueles que olvidam sua condição de Espíritos imortais para tudo sacrificarem num impulso irrefletido e imprevidente, resquício sem dúvida de passado menos digno.

Deus vos abençoe e preserve, e a todos ampare, depressa restaurando o que haja e possa ser restaurado, uma vez tenha passado a sombria onda que já envolve o planeta.

52
COMUNHÃO

"Ai do que estiver só, pois, caindo, não haverá outro que o levante." (Eclesiastes 4:10)

Bem conhecemos o perigo que representa o serviço mediúnico a sós e sem o apoio de absoluta confiança. Entretanto, embora tenhamos o cuidado de formar grupos de trabalho, não esqueçamos a possibilidade de se estar só em meio à multidão, isolado em ambiente onde se movimentam centenas, sentindo, crendo e vivendo de maneira oposta a de todos com quem se convive e ao que se prega.

E isso frequentemente observamos no meio espírita: reuniões onde se fala em fraternidade, mas é cultivada a intolerância; lembra-se a caridade, mas pratica-se o egoísmo; recomenda-se a necessidade de afetividade entre todos, mas reinam o antagonismo e a desapiedade crítica; atende-se pressurosamente a obsidiados estranhos, mas, se cai um companheiro, ao invés de receber carinho e merecido amparo é alvejado por ferinos comentários: "com o conhecimento que tem, não se justifica seu erro"; "após tantos anos de trabalho, enganar-se assim!"; "se sabe orientar brilhantemente, como entender o atual desequilíbrio?"; e, oculto e terrível, um pensamento: "talvez agora, com sua queda, eu possa me destacar".

Se não reinar a verdadeira fraternidade nos grupos de trabalho mediúnico, o que poderá garantir a sua preservação nos embates espirituais de todos os instantes? Se o padrão vibratório habitual destacar ressentimentos e intolerância, a forçada afinidade que se alcance nas horas de serviço, envenenada por habitual antagonismo, será insuficiente para atrair os mensageiros de Jesus. E, caindo, alguém, encontrar-se-á só, abandonado pelos companheiros de comentários ociosos e críticas destrutivas, incapaz de receber o auxílio libertador do Mestre.

Deus permita que não nos distanciemos voluntariamente de Sua proteção para que, se tropeçarmos, antes que venhamos a cair sejamos eficientemente socorridos e possamos prosseguir amando e servindo.

53
AMOROSIDADE

Pais amorosos costumam perceber quando seus filhos não estão bem de saúde, antes mesmo que estes experimentem qualquer mal-estar. Notam logo quando faltam à verdade, e pressentem quando estão se envolvendo em situações perigosas.

Isto é resultado de um amor puro, sincero e desinteressado.

Quando houver real fraternidade entre médiuns e consulentes; quando aqueles não abrigarem noções de superioridade e estes não aguardarem mágicas soluções e extraordinárias revelações, diferente será o trabalho: não se farão fichas, não se isolarão os chamados "doentes", não se receará entrar em contato com os "perturbados", não se temerá absorver-lhes fluidos "impuros". Haverá um fraternal colóquio, em bases de confiança e lealdade, sob a égide de Cristo, que não fugia aos quadros de dor e miséria, de sombra e pecado, pois a luz e a virtude verdadeiras não se deixam penetrar de treva e impureza.

Quereis ser bons médiuns? Sede tolerantes para com o vosso próximo. Quereis "acertar as consultas?" Acertai primeiramente vossas vidas pelos postulados evangélicos. Quereis ser preservados de pecado e desequilíbrio? Amai pecadores e desequilibrados, que estes hão de pecar menos e desejar equilíbrio igual ao vosso. Desejais ser grandes aos olhos de Jesus? Sede servos de todos.

Nada vos trazemos além do que nos disse o Mestre, porém são fórmulas eternas de vida santificada, aplicáveis a todas as modalidades de trabalho, necessárias a todos que desejem ser portadores da imperecível luz crística.

54
FRATERNIDADE – I

"A caridade cobrirá a multidão de pecados." (I Pedro 4:8)

É bem sabido que o desejo de vingança vem, muitas vezes, a criar mal ainda maior do que o inicialmente cometido; a impaciência conduz a toda sorte de desatinos; o orgulho vê enormes ofensas em simples irreflexões, e o ambicioso não satisfaz com a posse de bens que fariam a felicidade material de criatura mais simples. Dessa forma, proliferam males e descontentamentos, dores e mágoas, insatisfação e rebeldia.

Convida-nos o Mestre a nos amarmos, encarece a necessidade do perdão, aponta-nos a estrada, que Ele mesmo palmilha, da renúncia e do desprendimento. Mas o orgulho distorce-nos a visão, o rancor obumbra-nos o entendimento, imperfeições sem conta nos prendem à Terra.

Ah, se nos brilhasse no coração a chama do amor puro! Se nossos olhos fossem bons, e, sendo bons, avistassem o bem, oculto por vezes, existente em tudo e em todos! Se nosso Espírito, iluminando-se, nos aclarasse o caminho! O amor cobriria a multidão de nossos erros, a tolerância nos faria esquecer todas as mágoas, elevado entendimento a tudo alcançaria; e haveria de raiar o sol da redenção para nós e nosso próximo, tocado que seria por nossa benéfica influência.

Que a doce paz de Jesus vos felicite os corações amigos, permitindo que assim seja.

55
AMAR O PRÓXIMO

"O meu mandamento é este: que vos ameis uns aos outros, assim como eu vos amei." (João 15:12)

Não nos é fácil desenvolver e, ainda mais, apurar o sentimento do amor, pois que este, quando verdadeiro, significa também tolerância, renúncia, abnegação e paciência.

E por que tolerância, se não por apresentarmos todos muito de desagradável? E ainda renúncia, pois necessário é àquele que ama dividir, sejam bens materiais, sejam conhecimentos e oportunidades. E quanto de abnegação reclamam os seres queridos nas ocasiões difíceis que todos atravessamos! E a paciência infinita que é requisitada a quem vê estremecido companheiro cair em desânimo e sucumbir à revolta ante a dor!

Somente o verdadeiro discípulo de Jesus experimenta o real amor, pois aquele que o não é poderá ser capaz de superficial sentimento, todo baseado em egoística satisfação, mas nunca de profunda e inalterável ternura.

Permita o Senhor e Mestre que sejamos realmente seus discípulos e cultores do divino sentimento de que é o Criador a síntese e inesgotável fonte.

56
PASTOR SOLÍCITO

"Dos que me deste nenhum deles se perdeu." (João 18:9)

Muito longos são os caminhos que conduzem da Terra ao chamado Céu e, se foram criados cheios de luz pelo Pai, enchemo-los nós de trevas; se foram por Deus feitos planos, encarregamo-nos de os tornar íngremes; se eram floridos e cobertos de suave musgo, recobrimo-los nós de pedras e tropeços mil.

Afirma a sabedoria oriental que o caminho da Salvação é tão estreito quanto o fio de uma navalha, pois essa é a estreiteza da faixa que, na estrada da vida, escapou à desavisada intervenção humana.

Exige prodígios de equilíbrio o manter-se alguém nessa faixa, pois, de um lado, estão as tentações da matéria e, do outro, insensatos excessos nas práticas espirituais. E marcha a humanidade, em sombrio cortejo, dividida em dois grupos que lhe constituem a quase totalidade: o primeiro, mergulhado nas ilusões da carne, na cegueira da adoração ao próprio corpo, nos enganos da vaidade, no hipnotismo da importância e influência pessoal; o segundo grupo permanece atolado em religioso fanatismo sob variados rótulos, apegados a interpretações sistemáticas do que seja o caminho da Salvação e, combatendo o mundo que se lhe afigura inimigo do Espírito por se apresentar tentador, nem alcança iluminação íntima nem aclara o caminho do próximo.

Mas existe reduzido número que marcha pela verdadeira estrada, aquela mesma que segue o Mestre: a da renúncia que não desce a concessões descabidas, da humildade digna, da generosidade temperada pela justiça, do amor que, sem predileções, não faz acepção de "santos" ou "pecadores". A estes poucos saúda o próprio Mestre como seus discípulos e companheiros mais chegados à verdade; e a toda a humanidade abençoa com o mesmo amor e sabedoria que bem vê o providencial fim da divina criação.

57
BÊNÇÃOS DE PAZ

"A minha paz vos dou." (João 14:27)

Se vos for oferecida uma prenda material, estendereis as mãos para recebê-la; tendo a oportunidade de ouvir interessante palestra, voltais a atenção para o orador; apresentado que vos seja um belo quadro, nele se fixam vossos olhos.

Eis que o Mestre nos oferta sua paz: que receptividade Lhe apresentamos? Estará nosso coração em condições de receber a sublime serenidade de Jesus? Ou estaremos nós, há milênios, cerrando o próprio Espírito à salvadora influência do Cristo?

É bem possível que estejamos sedentos de harmonia e famintos de entendimento junto a uma cascata espiritual de inconcebível esplendor e incalculável riqueza.

O Senhor nos permita recolher em nós partícula de bênçãos de Jesus, para espiritual regozijo dele e nosso.

58
LIGAÇÕES DO MUNDO

"Tudo que ligares na Terra será ligado nos Céus, e tudo o que desligares na Terra será desligado nos Céus." (Mateus 16:19)

O problema das ligações que efetuamos é vasto e complexo: aqui observamos companheiros desavisados que se unem para a prática do mal, mais adiante vemos associações totalmente baseadas em interesses inferiores. E, embora distante de aprovar tais uniões, o chamado céu ou plano superior permite que se efetuem, sabendo que a seus próprios autores caberá desfazê-las, ou por outra, retificar-lhes os programas de ação para o bem e o amor santificado.

Liguemo-nos por nossa vez ao Divino Amigo que há tanto nos aguarda, e estejamos certos de que essa ligação nos há de garantir a paz e a harmonia interiores, as quais se hão de estender mais extensa e profundamente do que imaginamos em benefício de nossos semelhantes, também necessitados de união com o Criador.

59
O MANDAMENTO MAIOR

"Amarás o Senhor teu Deus... e o teu próximo como a ti mesmo." (Mateus 22:37,39)

Jesus foi o legislador por excelência, pois nenhum outro poderia sintetizar em tão poucas palavras, revestidas de tamanha simplicidade, um código de conduta perfeito, sumamente justo e claro.

E tão perfeito é esse resumo de toda lei, que implica já as consequências do seu não cumprimento. Senão vejamos: Que sucede àquele que não ama? Sucede que por sua vez, não experimenta a divina alegria desse sentimento.

Se não amamos a Deus, ausentamo-nos do celeste banquete de paz e alegria em que confraternizam aqueles que alcançaram a libertação maior, em qualquer plano em que estejam.

Aceitemos o convite de Jesus à grande festa do amor universal. Para dela participarmos, basta-nos ter um coração cheio de amor. E, em troca, corações sem conta desferirão raios do mesmo esplêndido sentimento para nós, em sublime congraçamento em que, invariavelmente, Jesus está presente.

60
AMOR E LUZ

Luz, amor, equilíbrio: ideais de todo o Espírito em que tenha despertado o anseio de mais depressa regressar ao Criador, do qual, na realidade, nunca se afastou.

O desejo de maior claridade principia a anular as trevas, crescendo a luz a cada instante; a necessidade de afeto mais puro progressivamente elimina prejuízos e aversões, até se tornar em invariável amor universalista; o equilíbrio é aquisição bastante difícil pelos extremos a que costumam ser atraídas as criaturas, mas é portador de acerto e segurança no caminho evolutivo.

Haja em nós luz, amor e equilíbrio; se tais houver, entraremos em comunhão mais perfeita com Deus, através de Jesus, mensageiro dessas excelsas virtudes entre nós.

61
PAZ

"A paz seja convosco, a mesma paz que nos oferta, mais do que nos oferta, nos dá o Divino Amigo."

Existe paz no coração dos Iniciados no Evangelho, na alma dos que oram, no íntimo dos Espíritos que alcançaram comunhão com o Criador.

Só não existe paz naqueles que vagueiam longe do Pai, ignorantes do Bem e do Amor, desprovidos da única sabedoria que realmente importa, incapazes de percorrer o caminho, apreender a verdade e viver a vida que é Jesus.

Vivamos essa vida que é a do Mestre, pois, se a vivermos, crescerá a verdade em nosso íntimo e nossos pés seguirão o caminho que conduz a Deus.

62
O REINO INTERNO – II

"Venha o teu reino." (Mateus 6:10)

Alguns avistam, neste versículo do Pai Nosso, uma promessa do Mestre com referência a um reino de paz, entendimento e amor que um dia há de descer dos céus, pronto e acabado, sobrepondo-se na terra, milagrosamente, a toda desarmonia, ignorância e desamor. Outros julgam-se chamados pelo Senhor a lutar ativamente pelo seu estabelecimento, não respeitando o grau de evolução e o livre-arbítrio alheios. Há quem desespere da possibilidade de jamais vir a se espiritualizar a humanidade, como se fora ela basicamente imperfeita e de impossível redenção e há quem coloque o Reino do Pai em remota esfera, acessível a poucos eleitos.

Mas os verdadeiros Discípulos de Jesus sabem que virá a nós o Reino de Deus através de nossos próprios esforços, por modestos que sejam, desde que estejamos realmente integrados na Divina Vontade, pois a centelha de amor e entendimento que em nós brilhe se há de propagar em extensão e profundidade, uma vez que essa centelha é fadada a desenvolvimento de prodigioso alcance.

63
VONTADE DE DEUS

"... seja feita a tua vontade..." (Mateus 6:10)

Não é difícil pronunciar com sinceridade estas palavras da prece dominical nas horas de paz e harmonia, em que nos sentimos amparados, protegidos e satisfeitos conosco em particular e com a vida em geral; entretanto, diminui consideravelmente nosso sentimento de reverência para com a divina vontade quando nos aguilhoa a dor e fere a incompreensão.

Nesses momentos, quase inconscientemente, acrescentamos à oração: "Senhor, seja feita a tua vontade, mas atende de preferência a nossa."

E isto porque estamos ainda distantes da percepção do que seja a profundidade da sabedoria do Criador e o acerto de suas leis, e nos escapa o demérito próprio, atual ou remoto que, geralmente, é a base de nossos sofrimentos e dificuldades no caminho evolutivo e a semente de que brotam até mesmo as hostilidades e incompreensões com que nos defrontamos.

Faça-se a divina vontade, sempre sábia e justa; sigam as determinações do Alto seu curso traçado com inteligência e amor, e ilumine o Mestre nosso entendimento para que possamos distinguir entre o que só aparentemente nos convém e os valores eternos e infinitamente preciosos a nós ofertados por Deus.

64
DEUS ATENDE SEMPRE

"E qual dentre vós é o homem que, pedindo-lhe pão o seu filho, lhe dará uma pedra?" (Mateus 7:9)

Invariável é a generosidade do Senhor para conosco, pois todos os nossos pedidos d'Ele recebem pronto atendimento, quando menos, em forma de presença de um companheiro de boa vontade que nos conforte.

Entretanto, se permanecermos em descrença e negativismo, prazerosamente dominados por viciações da mente ou do sentimento, o pão que nos envia Deus afigura-se pedra; a luz do Divino Mestre não nos alcança por estarmos envoltos em trevas; nenhum alimento espiritual nos sacia, pois insaciáveis nos tornam a revolta e o desconhecimento espiritual voluntariamente cultivados.

Recebamos, esclarecidos e reformados pelo Evangelho, tudo que a vida nos oferta e mesmo espinhos e pedras serão compreendidos como valiosas oportunidades de burilamento, pois se em nós houver entendimento e amor, as sombras do caminho serão aclaradas e as dificuldades suavizadas pela benevolência sem limites do Criador.

65
FALHAS HUMANAS

Se o amor fosse invariavelmente puro e desinteressado, não haveria muita decepção e infelicidade. Fora a caridade genuína, não haveria pobreza humilhada. Houvesse real justiça, não haveria desvalidos. Fosse a riqueza compreendida como empréstimo que é, não haveria esbanjamento de um lado e indigência de outro. Se a tolerância deixasse de ser simples palavra, não haveria desarmonia nem discórdia. Se o Evangelho fosse não apenas lido, interpretado e comentado, porém vivido, haveria na Terra Cristianismo de fato e verdade, não apenas doutrinário.

Espíritas, a vós cabe a ação urgente e inadiável para o verdadeiro bem da humanidade, fundamentado no roteiro sumamente sábio e fraterno do Mestre Divino.

66
ESPERANÇAS

Santa Claus em alguns lugares, Noel em outros, são os depositários da fé singela e pura das crianças na época do Natal.

Também os adultos aguardam que a chegada do novo ano lhes traga maior prosperidade, mais conforto e bem-estar.

Pouco nos lembramos de que a nós mesmos cabe grande responsabilidade na tarefa de melhoria das condições de vida na terra, particularmente no setor espiritual, que se há de refletir na esfera material.

Renovação de ideias e de ideais, é o que se faz necessário para terminarem a angústia e o sofrimento no cenário terrestre, e para que tenha início imediato uma era de bênção para todos.

Pela integração no bem maior perceberemos a maravilha que é o dom da vida, e ainda saberemos vivê-la em crescente, radiosa e ativa harmonia.

Deus nos conceda maiores recursos no campo do estudo e da vivência evangélica, pois o novo ano a todos trará novas provas. Que suas bênçãos vos amparem.

67
CAMINHO CERTO

A humanidade anseia por descobrir se mundos distantes são habitados, e desconhece o esplendor da vida espiritual em si mesma e em toda parte.

Tudo vibra e evolui.

Nossas almas, sedentas de entendimento, buscam a ciência e a filosofia, a religião e as experiências parapsicológicas. Porém só o Evangelho, roteiro seguro para uma crescente espiritualização, nos pode dar a paz, não em forma de inatividade, porém de trabalho fraternal em benefício de todos, só ele é capaz de preencher o grande doloroso vazio interior.

A bondade do Senhor vos conduza às fontes do supremo bem e vos dê sabedoria e amor.

68
CONFORMAÇÃO

Quem jamais teve existência tranquila na Terra? Quem pode, em qualquer campo, realizar sem obstáculos tudo que almeja? O próprio Mestre foi perseguido, crucificado e aparentemente vencido no que aparentemente era o princípio da mais promissora carreira espiritual vista no cenário terrestre.

Dificuldades que surgem, obstáculos que amarguram, problemas que atormentam, são resultados da própria inferioridade da Terra ou de nossos erros pregressos; e que podemos fazer para saná-los totalmente? Cabe-nos suportá-los e resignarmo-nos a tudo isso, pois faz parte de nossa herança espiritual de seres ainda não realmente dignificados pelas lutas redentoras, ainda não totalmente evangelizados, condenados ao exílio, pelas nossas mesmas falhas, das esferas superiores onde brilha a luz crística, onde há perpétua bonança, fruto da harmonia de todos consigo mesmos e com os seus semelhantes.

Revoltarmo-nos, ainda que em pequena escala, é darmos prova de desconfiança para com Deus, de descrença em seu amor, de ingratidão para com seu desvelo, de alheiamento à sabedoria de suas leis.

O próprio Mestre disse: "Pai, se puderes, afasta de mim esse cálice. Não seja porém o que eu quero, mas o que tu queres". E sabia Ele que não era da vontade de Deus que ele sofresse o martírio da cruz, mas era de sua vontade que se cumprisse o programa redentor da humanidade toda. E Jesus obedeceu, com vistas à alheia salvação, como se tratasse de sua salvação pessoal, pelo muito amor que nos tem.

Nós, quantas vezes desejamos seja feita nossa vontade, e nos enganamos com sofismas em que procuramos destacar nosso sentimento de caridade e esforço na seara evangélica, como se alguns anos desse esforço pudessem anular totalmente séculos, milênios de iniquidade e resolver prontamente nosso complexo problema espiritual.

Não esqueçamos que o Senhor bem sabe o que nos convém, e os próprios cabelos de nossas cabeças estão contados. Se fios de cabelo estão numerados, muito mais o hão de estar atos de benemerência e horas dedicadas ao Evangelho, jamais esquecidos pelo Mestre, que carinhosamente aprecia tudo de bom e belo feito em seu nome.

Confiai pois a todas as horas, não esquecendo que é na hora da procela que o testemunho maior é dado pelo discípulo.

Finalizamos citando Tiago: "Está alguém entre vós aflito? Ore. Está alguém entre vós contente? Cante louvores".

A paz do Senhor seja convosco.

69
TEMPOS FINAIS

Correram céleres os milênios, desde o início da criação. E aproxima-se rapidamente o que alguns chamam "fim dos tempos", outros de "juízo final". Não há fim dos tempos, pois temos o tesouro da eternidade a desdobrar-se diante de nós; não há juízo final, pois o Criador sumamente compassivo renova constantemente nossas oportunidades de redenção.

O que há é uma situação que se vai tornando insustentável na economia espiritual do Universo, em que a Terra prossegue recebendo vibrações benéficas, mensagens esclarecedoras e o sacrifício de incontáveis peregrinos do Senhor sem se elevar no conceito dos mundos. E é tempo que ela se eleve, pois se vai esgotando a cota de auxílio que lhe cabia receber.

E a Terra há de elevar-se, compulsoriamente que seja, pois o Mestre Jesus não fracassou em sua missão redentora; o fracasso é da humanidade terrena.

Dar-se-á doloroso expurgo, para melhoria das condições espirituais do planeta e para que o bem já não seja perseguido e não tenha que se ocultar.

Jesus Cristo vencerá, pois é Ele o mais legítimo mensageiro do amor e da sabedoria sublimados.

70
COMEMORAÇÕES

Há dois mil anos comemora a humanidade o nascimento do Mestre, mas continua Ele ainda por nascer nos corações da grande maioria.

Há dois mil anos repete-se: "Hosana àquele que vem das alturas", mas continua-se nos mais baixos degraus da evolução.

Há dois mil anos falamos: "Bendito o que vem em nome do Senhor", mas continuamos a malquerer nossos semelhantes que, em nome do mesmo Senhor, nos compartilham o convívio.

Há dois mil anos alegramo-nos rememorando Sua descida à Terra, mais ainda não nos dispusemos a subir até Ele.

E há dois mil anos nos felicitamos uns aos outros porque Jesus veio, mas ainda não O acolhemos em nossas vidas, que continuamos a viver como se Ele não tivesse vindo.

Haja Natal em vossos corações, um Natal permanente, repetindo a cada hora, não só com palavras, mas sobretudo com atos de sincera fraternidade, a grande mensagem do Verbo feito carne.

71
CONSCIÊNCIA LIMPA

"... o Filho do homem não tem onde reclinar a cabeça." (Mateus 8:20)

De que vale a alguém ter o maior conforto, se consciência opressa lhe vedar o descanso?

Melhor repousava o Mestre na maior simplicidade, do que o poderoso torturado pelo medo de que poder maior que o seu se levante e o aniquile. Melhor vive a criatura desprendida em sua pobreza, que o opulento magnata inseguro na impermanência dos bens terrenos. Maior é a ventura do pobre que se alegra com os dons gratuitos da natureza que a do detentor de grandes bens que nunca lhe parecem suficientes.

Se pudésseis pousar à noite, ainda mesmo na mais dura almofada, cabeça enobrecida por elevados ideais, coração felicitado pela confiança em Deus e no bem intrínseco que existe em cada criatura, muito felizes seríeis, pois não apenas estaria Jesus convosco, mas vós com Ele. E que maior ventura, que maior segurança, que maior conforto e riqueza que estar alguém com Jesus?

72
PODER DA FÉ

"A tua fé te salvou: vai-te em paz." (Lucas 7:50)

O Mestre não teria dito à pecadora que lhe ungira os pés que sua fé a havia salvado apenas para empregar original fórmula de agradecimento, ou como quem lhe retribuísse o carinhoso gesto com ilusória promessa. Na verdade, comovera-o menos o ato exterior de respeito e humildade para com Ele praticado, do que a transformação íntima que por Sua influência se processara na pecadora. Essa é que lhe valera sua redenção, pela mudança operada nos princípios pelos quais até então norteara seus passos. Por isso lhe afirmou o Mestre, com segurança: tua fé valeu-te a conquista da paz, e te salvou.

Em objetos de diferentes espécies podemos depositar nossa fé: poderão ser de natureza elevada e redentora, ou então classificar-se entre as inúmeras causas de falência espiritual. Ainda mesmo os mais descrentes, entre os encarnados, depositarão fé em alguma coisa, pois muito provavelmente colocarão sua esperança em uma hipotética morte que definitivamente ponha fim a seus problemas e sofrimentos.

Nós, que fomos felicitados pelo conhecimento evangélico, verifiquemos se nossos atos habituais falam da fé que vive em nossos corações, pois, do contrário, ainda que nos possa ela reconfortar em momentos de aflição e facultar tocantes exteriorizações de religiosidade no templo que nos acolhe, de pouco nos valerá como garantia de paz e salvação quando nos encontrarmos perante o Supremo Juiz, a nos falar no íntimo da própria consciência.

73
COM O MESTRE

"Vós me buscareis e não me achareis; e onde estou vós não podeis vir." (João 7:34)

Não obstaria o Mestre a que O encontrassem aqueles que O buscam, de vez que seu desejo maior é o esclarecimento e redenção de todos; se não O encontram, é por não O saberem procurar; e se não podem chegar até onde Ele está é porque seguem errados caminhos.

Aquele que busca o Mestre deverá estar pronto a tomar sua cruz e palmilhar o caminho de trabalho e renúncia que se abrirá à sua frente. E, uma vez que se disponha a acompanhar Jesus, importa não queira seguir dois caminhos simultaneamente: o do egoísmo em sua chamada vida particular, e o da aparente virtude no círculo cristão que frequenta. Aquele que tente seguir dois caminhos opostos, servindo irrestrita e cegamente a Mamon a maior parte de seu tempo, e parcimoniosamente a Deus em pequena fração do dia, acabará verificando que, embora possivelmente grandes suas conquistas mundanas, bem pequeno terá sido seu avanço no setor espiritual.

Ainda mesmo na busca das aquisições materiais de natureza essencial ao vosso progresso e bem-estar não olvideis a importância do Evangelho em todas as horas, pois somente sua prática sem reservas vos permitirá encontrar o Mestre que buscais.

74
ESPIRITUALIZAR-SE

Se o mundo soubesse o quanto se elevaria pela espiritualização! Ambição de poder tem causado sofrimento para milhões, projetos insensatos criam dor e confusão, febricitante imediatismo arruina magníficas oportunidades de redenção. Não sabendo o que pode ser realizado de grandioso pela humildade, de extraordinário pela submissão à divina vontade; desconhecendo o quanto avançaria se aceitasse simplesmente o Sermão do Monte, ao invés de realizar um progresso integral, adianta-se cientificamente, porém retrograda moralmente, e este retrocesso corrompe aquele avanço.

Cabe aos espíritas tornar patente a todos que religião não é sinônimo de ignorância; submissão à lei divina está longe de ser fraqueza; resignação ante inevitável infortúnio não simboliza covardia; fé em Deus não é declaração de incapacidade própria. Deve ser posto um fim ao velho preconceito que considera a religiosidade como um refúgio de fracos física ou moralmente.

Tenhamos presente que o maior exemplo de força moral e poder realizador é ainda Jesus, e façamos por nos assemelhar a Ele, pois se a sua figura foi por muitos adulterada e empobrecida pela demasiada ênfase dada às circunstâncias de seu desencarne, não se poderá ignorar o valor dos que, presentes ao cenário terrestre, simbolizem integralmente o atleta cristão de que falou Paulo. E é ao homem atual que cabe transformar o mundo de agora pelo assemelhar-se, ainda que palidamente, a Jesus.

75
PROMETER E NÃO CUMPRIR

"Ainda que todos se escandalizem por tua causa, eu nunca me escandalizarei." (Mateus 26:33)

Pedro fez esta declaração com a máxima sinceridade, e até mesmo de forma veemente, pois a franqueza e lealdade de seu caráter lhe não permitiriam fugir à verdade em falando ao Mestre, tanto mais que sua capacidade de penetração nas mentes e corações lhe era bem conhecida.

Entretanto, chegado o momento do testemunho mais difícil, tomado por compreensível receio ante a ameaça que pesava sobre o Mestre e seus seguidores, negou-o com a mesma veemência que o possuíra ao ouvir de Jesus a profecia de sua deserção.

Notemos que admitira Pedro a possibilidade de alheio acovardamento, dizendo: Todos Te poderão negar, mas não eu; mas não compreendera que pudesse ele mesmo vir a falhar, ainda mesmo advertido pelo Mestre.

Usualmente estamos prontos a notar as alheias fraquezas e faltas, mas poucas vezes nos lembramos, ainda quando claramente advertidos, de que ainda muito nossas são a facilidade de errar e a dificuldade em acertar.

Apliquemos a nós mesmos a experiência de Pedro, e estejamos atentos às nossas próprias fraquezas para que não nos colham elas desprevenidos, conduzindo-nos a lamentáveis enganos. E quanto às alheias imperfeições, recebam elas de nós compassivo olhar, pois também somos necessitados da compaixão de Deus.

76
INCONSTÂNCIA

"Tenho, porém, contra ti que deixaste a tua primeira caridade." (Apocalipse 2:4)

Nota-se geralmente nos recém-conversos a qualquer crença, em especial entre os que se voltam para a doutrina espírita, um enorme entusiasmo e intenso desejo de servir, às vezes a tal ponto excessivos que se torna necessário moderálos, a bem do próprio neófito. E, vezes sem conta, ocorre lamentável resfriamento nessa devoção inicial, tornando-se então o indivíduo um participante mecânico e de bem modestas possibilidades no grupo religioso a que se tenha filiado em seu primeiro entusiasmo.

A razão de tal resfriamento será, algumas vezes, uma imaturidade espiritual; e outras, simples ausência de firmeza nas diretrizes adotadas. E é sempre de lamentar que uma boa vontade se estiole e uma abnegação feneça por falta de absorção da água evangélica enviada pelo Mestre, e que procura regar a tenra planta da caridade, ansiosa por crescer, deitar raízes e estender ramos nos corações humanos, mas sufocada sob camada espessa de sentimentos inferiores e tendências comodistas.

O Senhor nos conserve em equilíbrio em nosso modesto esforço evangélico, permitindo que cada dia se nos renove a disposição de servir e aprender para que, tendo no coração a mesma caridade do princípio, avancemos continuamente em direção à luz eterna.

77
SE VOS AMARDES

"Nisto todos conhecerão que sois meus discípulos, se vos amardes uns aos outros." (João 13:35)

Nestas palavras encerrou o Mestre seu desejo de que tenham seus seguidores algo de especial a caracterizá-los, sem uso de distintivos materiais ou apresentações autolaudatórias.

Lembramos com tristeza a notoriedade nem sempre louvável alcançada através dos séculos pelos que se têm considerado seguidores de Jesus. E imaginamos quão profundamente enraizada nos corações humanos estaria já a verdadeira e singela fé cristã, não fora o mau testemunho dado por tantos que usam acobertar sob o manto de uma falsa religiosidade as piores paixões.

Meditemos em nossa responsabilidade como portadores do título de Cristãos, pois o Mestre tem seus olhos cheios de amor e esperança voltados para nós. E Ele aguarda confiante, agora que se adensam as trevas e exacerbam os sofrimentos na Terra, que se acendam luzes e apurem sentimentos nos corações humanos.

A misericórdia do Senhor nos permite corresponder a tão altas esperanças, para que todos possamos viver em perfeito entendimento e espontânea prática do Evangelho.

78
FRATERNIDADE – II

"Livra-nos do mal." (Mateus 6:13)

Repetindo a prece ensinada por Jesus não deixamos, tendo ainda no coração o receio e a insegurança naturais a Espíritos pouco evolvidos, de acentuar as palavras acima, expressando nossa confiança maior ou menor na divina proteção.

Mas alguns de nós ainda não compreendemos claramente que o mal maior que nos possa atingir provém sempre de nosso íntimo e da exteriorização de nossa própria inferioridade; e assim, ao dizermos ao Senhor "livra-nos do mal", costumeiramente mentalizamos perigos exteriores e pessoas que supomos nossas adversárias.

Tenhamos presente que o mal que nos possa atingir provirá de nós mesmos, ainda que aparentemente proceda de causas externas, pois o Senhor é onipotente e onipresente, e não permitirá que nos atinja nada que não nos caiba com justiça, ou visando um fim útil.

Extirpemos de nosso coração todo o mal, e poderemos aguardar confiantes que o Senhor nos conceda todo o bem possível.

79
VOLTA DE JESUS

"E então verão vir o Filho do homem nas nuvens, com grande poder e glória. Na verdade vos digo que não passará esta geração sem que todas estas coisas aconteçam." (Marcos 13:26-30)

Erradamente compreendida por alguns dos que ouviram Jesus foi esta Sua afirmativa, pois entenderam que, muito em breve, regressaria Ele, corporalmente, ao nosso meio, a julgar e distribuir castigos e recompensas.

Sabemos agora que se referiu Jesus, não à geração contemporânea de sua passagem pela Terra, mas às gerações que habitariam o globo durante o período de árdua propagação e difícil prática do Evangelho, até a época de transição da humanidade para uma nova fase, em que se cuidará ativamente do desenvolvimento, ainda tão precário, dos poderes mentais de cada um.

E, quanto à maneira pela qual se dará a volta do Mestre, será, segundo entendemos, pelo acentuado desenvolvimento da centelha crística própria a cada Espírito.

Nos difíceis tempos que atravessa, é necessário possa a Terra contar com a presença do Mestre a se manifestar visível e ativamente, auxiliando, curando e confortando, pois todos que não tenham chegado a compreender a premente necessidade de auto-reforma segundo os padrões evangélicos encontrar-se-ão em meio a verdadeira tempestade de terror e agonia; mas, nem por serem os responsáveis maiores pelas dores que os atingirão, poderiam perder o sagrado direito a fraternal amparo por parte dos companheiros em melhor situação espiritual, graças ao esforço próprio e as bênçãos divinas.

Jesus muito espera de cada um de nós, pois suas são ainda as palavras que pronunciou há vinte séculos: "O Pai não quer que nenhuma de suas ovelhas se perca."

O Senhor nos permita colaborar utilmente com o supremo guardião das criaturas humanas, para que a redenção seja alcançada pelo maior número possível em breve tempo.

80
PUREZA

"Quero: sê limpo." (Mateus 8:3)

O Mestre, em dirigindo essas palavras ao doente que o procurava, secundou-as com poderosa emissão magnético-curadora, restaurando-lhe a saúde.

Mas não apenas a essa criatura dirigiu Ele as palavras "sê limpo". A todos nós diz Jesus: "Sede limpos de corpo e espírito"; e não deixa de sobre todos projetar suas bênçãos de amor e proteção espiritual.

Muitos de nós, entretanto, estamos de tal forma envoltos em impureza de toda sorte, oriundas de vícios atuais ou erros passados, que impermeáveis nos tornamos, quase que totalmente, às sutis radiações do Cristo.

Busquemos colocar-nos diante de Jesus em posição receptiva e portadores de algum mérito espiritual pelo esforço de reforma íntima, para que as fulgurações benditas de seu imenso coração nos auxiliem a alcançar a suprema pureza e grande luz a que nos destinou o Criador.

81
COM JESUS

"Assim resplandeça a vossa Luz diante dos homens para que vejam as vossas boas obras e glorifiquem a vosso Pai que está nos céus." (Mateus 5:16)

Atualíssimas palavras de Jesus: o momento é de dor, portanto há revolta; a hora reclama trabalho, e muitos permanecem inativos; há necessidade de oração e vigilância, mas observam-se desatenções e falta de fé.

Como em todo exército, há no de Cristo deserções e recuos, pois nem todos que nele ingressam conseguem abandonar de pronto velhos hábitos mentais e tendências menos dignas.

Permanece o Mestre junto a cada servidor, mas Sua presença só é percebida pelos que realmente se esforçam por alcançar elevação espiritual. Permita o Senhor que estejais entre esses, para que alcanceis crescente plenitude espiritual.

82
DIVINA HERANÇA

"Não vos deixarei órfãos." (João 14:18)

Como todas as promessas de Jesus, esta tem seu fiel cumprimento. Ninguém é deserdado pela divina misericórdia, mormente no que diz respeito a amparo e esclarecimento espirituais, pois, se nem todos se devem projetar no cenário terrestre ou nele ostentar riquezas, a todos se destina a mensagem de redenção consubstanciada no Evangelho.

Se recebemos do Senhor mensagem libertadora e santificante, é como sagrado depósito do qual prestaremos conta não só a Deus, mas também a nosso semelhante, pois nos poderá ele dizer: "tínheis luz, e me deixastes em trevas; conhecíeis o bem, e me permitistes praticar o mal; sabíeis a verdade e abandonaste-me no erro e na ignorância."

Procuremos atentar para nossa responsabilidade no plano coletivo, pois há muito interesse a ser auxiliado, muito desejo de elevação a ser satisfeito. E o Senhor nos recompensará a boa vontade que demonstrarmos para com os que, por sua vez, têm boa vontade para a espiritualização própria.

83
TESTEMUNHO

Há milênios detém-se a humanidade nos planos inferiores do sentimento, na periferia de sua capacidade mental no quase completo olvido do potencial de espiritualidade que, magnífica herança do Criador, existe em cada criatura.

Aqueles que, demorando-se na esfera terrestre, estão já despertos, no mais amplo dos sentidos, dificilmente poderão contagiar os demais com seu sublime interesse pela espiritualidade se não manifestarem, claramente visível, o selo do Cordeiro em suas frontes.

Já foi dito que o mal domina a terra por ser ousado e o bem desaparece por força de sua timidez. Pudessem os bons sê-lo mais corajosamente, não receando expor convicções, defender os fracos e amparar os caídos!

Lembramos que Jesus nada receou em sua permanência na Terra: afrontou a oposição dos influentes, a inimizade dos poderosos, o julgamento de juízes iníquos, a morte mesma, sem se desdizer e sem vacilar.

Houvesse de nossa parte menos contemporização, menos do chamado respeito humano e menos esperança de que amanhã será mais fácil de ser cristão, e o mundo estaria de há muito convertido, em espírito e verdade, ao Evangelho.

Deus vos encoraje e fortifique, pois de coragem e fortaleza necessitareis na hora de severo testemunho que já se delineia.

84
JESUS EM NÓS

Difícil é imaginar o que sucederia, voltasse Jesus a encarnar. Cremos que seria venerado por alguns, apedrejado por outros; converteria muitos ao verdadeiro cristianismo, em outros despertaria apaixonada inveja; corrigiria erros, retificaria ideias, porém faria se levantassem novos adversários, pois o impulso de contradição é ainda triste acessório do Espírito humano. Tudo porque Sua sabedoria imensa e majestosa autoridade ainda não encontram eco fiel nas escuras consciências que Ele tomou a Si iluminar.

Mas nem por isso estaciona a obra de redenção humana. Se o Mestre já não se manifesta visivelmente, Sua providência continua a velar por todos. E a nós cabe ser autênticos suportes vibratórios de Seu trabalho, pelo orar e vigiar.

Conforme se multipliquem corações cristificados já não haverá cruzes em que os ponham, e a luz há de brilhar para todos, envergonhando as próprias trevas.

Sede bons, se cabe tal imperativo, e bom será o mundo.

85
VIDA HUMILDE

Jesus foi pobre, porém distribuiu imenso cabedal de fluidos curadores; sem uma pedra onde repousar a cabeça, mas Senhor do mundo; sem influência no cenário político, entretanto Rei dos reis; sem mais ampla liberdade, sem fortuna e sem posição de relevo, libertou, enriqueceu e elevou espiritualmente a todos que o desejaram.

Por que reclamar condições melhores para agir no campo do bem se o Salvador do mundo, sua luz e esperança, viveu em humildade e pobreza e perseguido pelos grandes? Ele, por confiar em Deus, é o sublime dispensador da paz e da saúde, despertando consciências, atraindo os que se extraviaram no caminho, consolando os aflitos.

À semelhança de Jesus, sede ricos de recursos interiores, portadores da fé e da esperança. Se o fordes, multiplicareis migalhas, transformareis angústias em plenitude espiritual e colaborareis com Ele na redenção efetiva e inadiável da Terra.

86
EQUILÍBRIO

A tudo preside a Divina Sabedoria, em tudo se percebe a intervenção de Deus, que sabe do mal extrair o bem e das trevas, luz.

Ainda quando maiores parecem as dificuldades muitas vezes o que existe é a luta da qual surgirá mais ampla liberdade, no melhor dos sentidos.

Maiores porém seriam os benefícios extraídos de tais comoções se equilibradas se mantivessem as pessoas envolvidas.

Existem, por força mesmo da sensibilidade humana, dúvidas e receios, e por isso tarda a harmonização evangélica na Terra. Porém tal harmonização se há de dar, ainda que contra isso lutemos, talvez involuntariamente, pela invigilância, e felizes serão os trabalhadores encontrados no testemunho da fidelidade à Divina Palavra e da confiança na proteção de Deus sobre todos.

87
PAULO

Paulo, o apóstolo dos Gentios, será reverenciado, enquanto se conservarem registros da história do Cristianismo primitivo. Era imenso na abnegação, invariável na fé, incansável no ardor missionário, extraordinário na bondade, admirável na coragem.

Seríamos pálida imitação sua na seara em que nos colocou a Divina Sabedoria? Paulo percorreu todo o mundo então conhecido, não receando enfrentar os perigos do mar, o desconforto das longas viagens, o cansaço das intermináveis caminhadas, e nós fugimos da pequena jornada em benefício do próximo; Paulo pregou a todos aqueles a quem o Senhor o enviara, e nós nos furtamos a permanecer no ambiente doméstico, local onde por excelência deveríamos ser mensagens de luz, mais do que o estritamente necessário; Paulo enfrentou as potestades do espaço e da terra, nós a todo momento nos acovardamos, e elegantemente rotulamos nossa covardia como "respeito humano"; Paulo, uma vez ouvida a palavra de Jesus, não a esqueceu nunca, nós a ouvimos há dois milênios, e só a recordamos para doutrinar o próximo, raramente no momento da tentação. Paulo viveu em plenitude o ideal cristão; e nós?

Prestemos a Paulo de Tarso o preito agradecido de nossa admiração e respeito, mas lembremos que ele não se limitou a ser grato e reverente ao Mestre, mas soube servi-lo em espírito e verdade, em fé e constância, em amor e renúncia, em coragem e pureza.

88
CRESCIMENTO INÚTIL

"E o menino crescia, e se fortalecia em espírito, cheio de sabedoria; e a graça de Deus estava sobre Ele." (Lucas 2:40)

Crescer fisicamente é um fenômeno espontâneo e natural, e pouca influência terá o Espírito encarnado no maior ou menor desenvolvimento de sua estatura, exceto na resultante de alimentação e exercícios adequados.

Incontáveis são os que, atendidos em suas necessidades materiais quando pequeninos, depois de adultos praticamente limitam-se a prover por si mesmos a essas mesmas necessidades, com escasso desenvolvimento espiritual, como se não lhes tivesse a oportunidade reencarnatória sido concedida com outra finalidade além da experimentação de fome, sede e outros reclamos do organismo, e suas respectivas satisfações.

O menino Jesus, no entanto, crescia em estatura e em Espírito, e a graça de Deus sobre Ele permanecia, pois não só seu desenvolvimento físico lhe ia permitindo desembaraçar-se no atendimento às suas necessidades materiais, como o desabrochar de seu Espírito ao contato do Divino Sol lhe permitiria sempre, em qualquer plano e circunstância, agir com desenvoltura e acerto, humildade e amor.

O Senhor nos permita alcançar rápido desenvolvimento de nossos íntimos potenciais de amor e sabedoria, para merecermos a sabedoria e amor com que Deus nos criou e constantemente ampara.

89
OBSTÁCULOS

"Disse Jesus: Tirai a pedra." (João 11:39)

Sabemos que em cada Espírito reside uma centelha crística, um lampejo de amor e entendimento a ser desenvolvido para que alcancemos a angelitude. Mas, para que se possa desenvolver essa centelha, semelhante, segundo as palavras de Jesus no capítulo treze do relato de Mateus, ao grão de mostarda, que é "a mais pequena de todas as sementes, mas, crescendo, é a maior das plantas", mister se faz que afastemos as pedras que porventura a sufoquem, pedras constituídas por nossos defeitos e imperfeições.

E, para afastá-las, contamos com a poderosa alavanca da oração e vigilância, pois basta que recorramos à divina proteção para recebermos todo o auxílio de que necessitamos, desde que realmente nos empenhemos em triunfar de nossa inferioridade.

O Senhor nos abençoe e fortifique em nosso esforço para afastar de nosso íntimo e dos caminhos que percorremos as dificuldades com que nos defrontamos na luta pela ascensão a planos mais elevados.

90
BÊNÇÃO

"E Jesus, estendendo a mão, tocou-o, dizendo: Quero, sê limpo" (Mateus 8:3)

Durante toda a sua passagem pela Terra estendeu Jesus as suas mãos em gestos de bênção, usou-as para, em mansa gesticulação, acentuar suas palavras de nobre esclarecimento, e utilizou-as como veículos de emissão de poderosas radiações curadoras, emitidas por seu generoso coração e orientadas pelo seu lúcido e profundo entendimento das causas físicas e espirituais das moléstias e atuações do astral inferior.

Em troca de tão santificado uso de suas mãos, teve o Mestre bem poucas que para Ele se voltassem em gestos de carinho e amparo, antes foi por inúmeras vezes ferido e maltratado, humilhado e torturado. No entanto, ainda que todo o poder temporal estivesse então simbolicamente encerrado nas mãos que magoavam o enviado de Deus, perdeu-se sua força e aniquilou-se sua capacidade de agir, até que os homens aprendessem, em doloroso esforço de auto-retificação, a orientar-se pelo exemplo de mansidão e fraternidade deixado por Jesus.

As mãos de nosso Redentor são ainda, não apenas de forma simbólica, mas de maneira ativa e vigilante, verdadeiras pombas de paz e silenciosas mensageiras de amor constantemente voltadas para a Terra. Quanto a nós, seus despretensiosos seguidores, não olvidemos a grande responsabilidade que nos pesa como possuidores de mãos perfeitas, prontamente obedientes ao nosso comando, muitas vezes impulsivo e destruidor, e façamos delas um prolongamento vivo das mãos de Jesus, pois só assim poderá Ele prosseguir eficientemente na sua tarefa de redenção da humanidade terrena.

91
EVOLUÇÃO

"O Senhor faz descer à sepultura e tornar a subir dela." (I Samuel 2:6)

Como vemos, bem claramente explicada está a lei da reencarnação neste versículo do Velho Testamento; e não apenas a lei da reencarnação, mas também a necessidade a que estamos todos sujeitos de ocupar bem variadas posições, assim adquirindo valioso cabedal de experiências, indispensável à ascensão que nos cabe realizar em direção ao Criador.

Permita a divina bondade que nossos olhos possam, com evangélico entendimento, divisar a luminosa mão do Senhor a nos guiar, zelosa e desvelada, pelos difíceis caminhos da redenção espiritual, pontilhados de obstáculos por nós mesmos erigidos.

92
SUBMISSÃO

"Eis que aqui venho para fazer, ó Deus, a tua vontade." (Hebreus 10:9)

Usualmente, ao nos aproximarmos da organização religiosa a que pertencemos, temos mente e coração voltados para Deus, e sinceramente nos dispomos a cumprir Sua vontade. Mas dificilmente nos dispomos, com a mesma firmeza de propósitos, a cumprir a divina vontade nos demais ambientes que contem com a nossa presença. E, se assim sucede, é por olvidarmos que o Senhor tem por templo todo o universo, e não apenas edificações erguidas por qualquer fé religiosa, e ainda que, em irmãos nossos, não se constituam apenas aqueles que nos compartilhem o entendimento alcançado da realidade maior, mas antes toda a humanidade que tem o mesmo direito à nossa solidariedade fraterna e desinteressada.

Cabe-nos pois lutar com as pacíficas armas da fé e caridade sem limites para cumprir em toda parte a vontade de Deus, assim revelando a todos, pelo nobre exemplo apresentado, as próprias infinitas possibilidades de desenvolvimento interior para o bem supremo, desenvolvimento que é a garantia única da perfeita harmonia e inalterável serenidade íntima.

93
EDIFICAÇÕES ESPIRITUAIS – I

"Porque não temos aqui cidade permanente, mas buscamos a futura." (Hebreus 13:14)

Sendo ainda bastante imperfeita a cristianização da humanidade, não contamos presentemente com a existência de grupos regularmente numerosos que possam ser contados como autêntica cidade ou mais extenso núcleo de modelar atividade evangélica; mas, conforme disse o apóstolo Paulo, contamos com edificações futuras, e nessas depositamos as mais caras esperanças. E, como toda realização no plano material, essas edificações terão sua origem no campo espiritual, materializando-se no terrestre através da soma de pequenas e grandes dedicações ao serviço evangélico.

Procuremos, com o amparo do Divino Amigo, colaborar com o melhor de nossas possibilidades na edificação cristã da humanidade, pois perspectivas de grandes sofrimentos coletivos se nos apresentam, reclamando a urgente criação de novos e amplos postos de socorro e proteção espirituais para a multidão de aflitos que continuamente se avoluma.

94
NA VINHA DO SENHOR

"Por que estais ociosos todo o dia? Disseram-lhes eles: Porque ninguém nos assalariou." (Mateus 20:6-7)

Tal a pergunta feita pelo senhor de uma vinha aos trabalhadores que encontrou desocupados na praça, e a resposta que deles recebeu, segundo a parábola de Jesus.

Realmente, tratava-se de pessoas que aguardavam nos logradouros públicos, segundo o costume da época, que aparecesse alguém interessado em contratar seus serviços, e às quais não cabia censura por se encontrarem inativas, desde que ninguém lhes havia oferecido trabalho.

Nós, entretanto, quando chegarmos ante o Mestre, nenhuma escusa teremos a apresentar se tivermos estado ociosos, ainda que procuremos justificar nossa inatividade com alegação de que aguardávamos quem nos viesse convidar à cooperação na vinha do Senhor. Acaso desejaríamos que o Mestre Jesus novamente descesse de sua elevada esfera, até onde nos encontramos, a nos exortar, pessoalmente, ao trabalho junto a Ele?

Muitas vezes recebemos bem ostensivos chamados ao trabalho evangélico, seja no campo mediúnico, no setor do esclarecimento, ou na esfera das práticas assistenciais, mas frequentemente, tais solicitações de serviço são-nos feitas de forma velada, sem trabalhosa argumentação ou extraordinárias e lisonjeiras demonstrações tendentes a apontar a utilidade de nossa cooperação.

Saibamos ver a silenciosa solicitação de auxílio que nos apresenta, tantas vezes, um humilde par de olhos angustiados, ou a triste expressão de uma mãezinha que sustenta nos cansados braços sofredora criança. Estejamos atentos ao mudo convite à fraterna cooperação que desponta em toda parte, para que não nos venha a dirigir o Senhor a dolorosa pergunta: “Por que estais ociosos?”

95
CONHECE-TE A TI MESMO

“Batei e abrir-se vos-á.” (Mateus 7:7)

Se o Senhor nos concede a bênção do esquecimento do passado na reencarnação, em que nos renovam as oportunidades de progresso espiritual, junto a antigos algozes e vítimas, desafetos e companheiros de erro que nos não reconhecem num novo traje carnal e, também alterados, não são por nós identificados, é para nos poupar, a todos, sentimentos de vaidade ou de constrangimento.

Nada significa que em passadas épocas nos tenhamos chamado Pedro ou Paulo, Maria ou Ana, tanto mais que as biografias conservadas nos fastos terrestres são frequentemente falhas. Quantos atos, registrados como nobres, foram fruto de interesse subalterno! Quantos crimes resultaram de intenções dignas e elevados propósitos, mal interpretados e pior executados!

Nossa verdadeira identidade espiritual está ainda distante de nosso conhecimento, porquanto somente a assumiremos em plenitude uma vez livres de ilusões e defeitos.

Quando chegarmos a penetrar na intimidade do próprio Espírito, suportando amorosamente a clara e insofismável realidade do **eu sou**, sem enganos, sem autocondenação, sem autojustificativas, na realização consciente e libertadora do "conhece-te a ti mesmo", terá cumprimento a promessa contida no Apocalipse de João, capítulo 2, vers. 17: "Ao que vencer darei uma pedra branca, e na pedra um novo nome escrito, o qual ninguém conhece, senão aquele que a recebe".

Ao se cumprir essa promessa, todos os antigos nomes e títulos perderão seu sentido, e seremos novas criaturas.

É para essa realização, de profundíssimo e sublime simbolismo espiritual, inacessível ao nosso atual entendimento, que caminhamos com Jesus.

96
A QUE VIESTE?

"Amigo, a que vieste?" (Mateus 26:50)

Foi esta a pergunta dirigida pelo Mestre Jesus ao nosso irmão Judas, na dolorosa cena de seu aprisionamento em Getsêmani.

Dirigia Ele o qualificativo de amigo ao seu companheiro, momentaneamente desviado do bem pela atuação das trevas, porque conhecia as qualidades íntimas que lhe exornavam o Espírito, prontas a se manifestarem tão logo se libertasse ele do jugo das más influências.

E perguntava ainda o Mestre: "A que vieste?", não por ignorar os propósitos de Judas, os quais lhe eram conhecidos desde séculos antes, mas como se, carinhosamente interessado no reerguimento do irmão desviado, lhe desejasse ouvir as razões de tal procedimento.

Também nós, ainda que desviados do bem maior, somos companheiros muito queridos ao coração do Mestre, e não nos regateia Ele o título de amigos, e irmãos em Deus. E ainda, tantas vezes, é motivo de preocupação para os companheiros dos planos mais elevados o nosso propósito ao nos aproximarmos de outros irmãos, de determinados núcleos de trabalho ou de certas instituições. Perguntam esses vigilantes companheiros: "Amigos, a que vindes? Que buscais? Que contribuição trazeis?"

A nós compete ter nos lábios a sincera resposta, ditada por um coração puro e bem intencionado, que, em chegando a qualquer parte, possa anunciar sua presença com palavras de amor e paz, harmonia e boa vontade, a fim de que nunca venha nossa aproximação de outros irmãos, ou nossa filiação a seus grupos de trabalho ou estudo, a constituir-se em motivo de perturbação e sofrimento.

97
EDIFICAÇÕES ESPIRITUAIS – II

"Eu posso derrubar o templo de Deus, e reedificá-lo em três dias." (Mateus 26:61)

Preciosa lição encerram estas palavras do Mestre: A edificação útil que tenhamos derrubado faz-se mister que reconstruamos; o bem que destruamos, que sufoquemos, deveremos fazer reviver e frutificar em realizações úteis; e a felicidade de que tenhamos despojado os companheiros de jornada evolutiva lhes deveremos devolver, ainda que à custa de infinitos sacrifícios.

É da lei do Senhor que todo mal praticado seja desfeito por seu próprio autor, através da criação do bem correspondente.

Debalde julgar-se-ão alguns poderosos bastante para derrubar o edifício espiritual pacientemente erguido pelo Mestre e seus seguidores na Terra. O que destruam, em momentos de rebeldia, irreflexão e cegueira espiritual, caber-lhes-á reedificar à custa de dor e angústia, ao preço de abnegação e sacrifício.

Ao meditares nas palavras de Jesus relatadas em João 10:17: "... dou a minha vida para tornar a tomá-la", verifica se aquilo que tenhas dado de mau aos teus irmãos foi já por ti retomado e transformado, com o auxílio do Senhor, em bênção de fraterna caridade.

98
FRATERNAL AMPARO

"Mas sobretudo tende ardente caridade uns para com os outros; porque a caridade cobre a multidão de pecados." (I Pedro 4:8)

Consoladora promessa encerram estas palavras de Pedro. Recordemos, entretanto, que para que o bem cubra e aniquile o mal que exista num coração, redimindo o Espírito culpado, é necessário que seja maior, mais extenso, mais profundo e poderoso que esse mal.

Não basta que os amados irmãos sejam caridosos em dias e horas consagradas a trabalhos de fraternal amparo; que olhem com carinhosa simpatia a todos os circunstantes numa assembleia evangélica; que emitam fulgurantes radiações de amor e paz aos sofredores. Se, afora esses benditos momentos de sagrado recolhimento, elevação e sintonia com os planos da vida superior, longe dos quadros de sofrimento mais tocante, distantes do meio em que encontrais carinhosa sintonia vibratória, não vos mantiverdes em atitude evangélica, e não pautardes vossos atos e pensamentos segundo os moldes da fraternidade, tolerância e elevação, como poderá o amor que se manifesta em vossos corações em horas determinadas e momentos específicos cobrir a multidão de faltas que porventura continue a crescer, multiplicando-se em solo interior fertilizado pelo egoísmo habitual, vaidade costumeira e usual invigilância.

Ao meditardes, coração transbordante de esperança, nas palavras de Pedro "o amor cobre a multidão de pecados", verificai se tendes ativamente trabalhado para que, em vosso santuário íntimo, diminua a multidão de faltas e imperfeições, e cresça, a todas as horas, a extensão do amor.

99
SEPULCROS

"Por que buscais o vivente entre os mortos?" (Lucas 24:5)

Tais as palavras ditas pelo anjo às seguidoras de Jesus que haviam ido ao sepulcro, à procura do corpo do Mestre, a fim de ungi-lo e prepará-lo para definitivo sepultamento. Realmente, estava o Mestre na plenitude de sua vida espiritual, e de forma alguma permanecia ligado a um corpo torturado e exânime, que já havia aniquilado, devolvendo seus elementos dispersos ao reservatório universal do fluido primitivo, base de toda organização física.

Meditemos, a propósito das palavras do Espírito "Por que buscais o vivente entre os mortos?", na infinidade de vezes em que nos detemos à procura de nosso próprio eu, da realidade íntima de nosso ser imortal, entre as coisas mortas do passado, entre as experiências infelizes que insistimos em relembrar, numa dolorosa viciação mnemônica e sentimental.

Nosso Espírito, criado pelo Pai para uma eternidade de luz, ação e sabedoria, não deve permanecer sepultado sob cinzas do passado, sufocado pelos resíduos deixados por experiências infelizes, oprimido sob camadas de entulho espiritual inferior, detendo-se nos sepulcros de sombra, ignorância e inatividade.

Desvencilhemo-nos do sudário das sombras, fugindo ao túmulo da inferioridade espiritual, para que a vida eterna resplandeça em nós numa plenitude de luz e amor.

100
O GRÃO DE MOSTARDA

"Outra parábola lhes propôs, dizendo: O reino dos céus é semelhante ao grão de mostarda que o homem, pegando dele, semeou no seu campo; o qual é realmente a mais pequena de todas as sementes; mas, crescendo, é a maior das plantas, e faz-se uma árvore, de sorte que vêm as aves do céu, e se aninham nos seus ramos." (Mateus 13:31-32)

Realmente, a centelha crística, o germe do reino dos céus interior, colocado pelo Criador na intimidade do Espírito, cresce e se vem a tornar, no decorrer dos milênios, em resplandescente sol de amor e sabedoria.

Entretanto, que pensaríeis do agricultor que, descuidoso das sementes a ele confiadas, as abandonasse à própria sorte, atiradas a esmo em solo mal-amanhado, estéril e pobremente irrigado, confiando-as, por sua vez, à Divina Providência para que lhes desse o necessário crescimento, sem perceber em si mesmo o instrumento dessa providência?

Meditemos no que vimos fazendo da sagrada centelha de amor e entendimento colocada pelo Senhor em nosso íntimo.

Se não aprovarmos a conduta do lavrador que abandona a lavoura à própria sorte, por indolente, como justificaremos o descuido com que tantas vezes tratamos os germes de virtude e compreensão deixados pelo Pai no solo interior de nosso Espírito?

Se o terreno de nossas almas estiver endurecido pela prática do mal, coberto de ervas daninhas representadas por sentimentos negativos, ressecado por falta da cristalina água que brota das boas ações, e em trevas pela ausência do sol do Evangelho, enérgica será a ação do Senhor da vinha ao verificar nossas infelizes realizações no campo da vida eterna.

Não haja ilusão: Foi para que trabalhássemos arduamente no desabrochar do Amor e da Sabedoria em nosso íntimo, e não para que transferíssemos ao correr dos séculos e milênios a responsabilidade da formação do Reino dos Céus interior, que o Mestre Jesus nos trouxe o ensinamento da vida eterna, e o Mestre da Codificação nos legou o conhecimento das oportunidades de redenção eternamente renovadas.

101
VEM E VÊ

"Felipe achou Natanael, e disse-lhe: Havemos achado aquele de quem Moisés escreveu na lei, e os profetas: Jesus de Nazaré, filho de José. Disse-lhe Natanael: Pode vir alguma coisa boa de Nazaré? Disse-lhe Felipe: Vem, e vê. Jesus viu Natanael vir ter com Ele, e disse dele: Eis aqui um verdadeiro israelita, em quem não há dolo. Disse-lhe Natanael: Donde me conheces tu? Jesus disse-lhe: Antes que Felipe te chamasse, te vi eu, estando tu debaixo da figueira." (João 1:45-48)

Eis que o Mestre não volta seus olhos lúcidos e penetrantes, nem dedica sua amorosa atenção unicamente àqueles que tenham alcançado a imensa ventura de viver junto a Ele.

Muito antes que cheguemos à Sua presença, estando nós ainda abrigados sob a árvore das ilusões e enganos, já nos observa atentamente o Senhor, avaliando nossas possibilidades, apiedando-se de nossas fraquezas, regozijando-se com nossas conquistas espirituais.

Em seu contínuo esforço para que cheguemos à sua augusta presença, incansavelmente envia-nos o Mestre novos Felipes, trazendo-nos a palavra da Boa Nova e encorajando-nos com a narrativa de sua feliz experiência de renovação interior junto a Ele.

Procuremos sair de sob a árvore cujos frutos em forma de enganosas sensações inferiores há tanto tempo nos iludem, e acompanhemos os mensageiros que nos repetem o paciente e amoroso convite de Jesus: Vem e vê.

102
O MESTRE EM NOSSAS VIDAS

Recordemos a passagem evangélica, relatada em Marcos 5:1-20, em que é narrada a expulsão pelo Mestre dos Espíritos que obsidiavam um jovem, sendo estes espíritos, a seu próprio pedido, transferidos a uma vara de porcos que por ali pastavam, os quais lançaram-se ao mar, causando grande prejuízo a seu proprietário.

Lemos no vers. 17: *"E começaram a rogar-lhe que saísse de seus termos."*

A qualquer que tenha sido felicitado pela consoladora luz do esclarecimento evangélico, parecerá extremamente absurda esta atitude dos habitantes da região que fora cenário de tais acontecimentos: Pois como, rogar ao Mestre dos mestres, toda sabedoria e amor postos a serviço da humanidade, no mais nobre dos desprendimentos e numa devoção sem limites, que se retirasse de seus termos, dessa forma repelindo a maior das bênçãos jamais enviadas pelo Pai à Terra? Se ressurgisse o

Mestre em nosso meio, certamente ser-lhe-iam abertas todas as portas, e porfiaríamos por tê-Lo como hóspede, como senhor mesmo de nossas casas. Que atraso o desse povo primitivo, repeli-Lo apenas devido ao prejuízo material que lhes teria causado, sem atentar para a sublimidade de seu ato ao libertar o jovem de tão terrível jugo.

Lembrai-vos, porém, de que não são as personalidades da narrativa acima as únicas que jamais tenham repelido o Mestre; as formas de o fazer são infinitas, e incalculáveis o número dos que o fazem.

Para acolhê-Lo em vossos corações não basta dizerdes com os lábios: — Senhor, desejo que faças parte integrante de minha vida. É preciso que Lhe prepareis morada em que possa Ele permanecer como hóspede bem-vindo, que encontra ambiente adequado a livremente manifestar sua poderosa e bendita influência regeneradora. De que vale ao seguidor de Jesus convidá-lo a permanecer a seu lado, protegendo-o e orientando-o, se se mantiver em estreita ligação com forças inferiores, tornando-se impermeável às suas puríssimas vibrações? Se alimentar maus pensamentos e sentimentos, se praticar atos condenáveis, como poderá a sutil e infinitamente amorosa influência do Mestre penetrar-lhe a mente desviada, chegar-lhe ao coração ocupado em sentimentos negativos?

Lembrai-vos, irmãos amados, de que aqueles que, no dizer evangélico, convidaram o Mestre a retirar-se de seus termos, assim procederam na ignorância do tesouro que representava Sua presença entre eles, atentos tão somente à importância de seus bens materiais.

Buscai adquirir, pelo estudo e prática do Evangelho, a real percepção do valor imenso da presença do Mestre em vossas vidas, e nem pelo mais ligeiro ato ou pensamento o fareis afastar-se de vós, antes vos unireis mais e mais estreitamente à sua luz e ao seu amor.

103
ORAÇÃO

"E veio outro anjo, e pôs-se junto ao altar, tendo um incensório de ouro; e foi-lhe dado muito incenso, para o pôr com as orações de todos os santos sobre o altar de ouro, que está diante do trono. E o fumo do incenso subiu com as orações dos santos desde a mão do anjo até diante de Deus." (Apocalipse 8:3-4)

Vede quão agradável será ao Criador a prece proferida por um santo, uma vez que, segundo o simbolismo apocalíptico, são tais orações, juntamente com incenso, colocadas em incensários de ouro, sobre altares também de ouro, diante do trono de Deus...

Na verdade, não será preciso que a oração provenha de lábios e corações santos para que possa alçar-se até o Criador, pois tal exigência equivaleria a uma recusa do Senhor em ouvir a prece de seus filhos mais necessitados de amparo e proteção, aqueles que lutam e sofrem nos primeiros degraus da escala evolutiva. Mas impõe-se, como condição essencial para que uma prece possa atingir as esferas da espiritualidade superior, que esta se revista de características de elevação, humildade e sinceridade, ainda que aquele que a profere longe esteja da definitiva aquisição de tais virtudes.

Ao orardes, rogai ao Senhor coragem e resignação em vossas provações, e Ele vos enviará o anjo da consolação que desceu até o Mestre em sua hora de agonia; sede sinceros no reconhecimento de vossos erros e no propósito de autoevangelização, e vosso anjo protetor, feliz por ver vossa boa disposição em progredirdes espiritualmente, recolherá vossa oração e a fará chegar às esferas superiores; revesti vossas preces, ainda as mais ligeiras, de humildade, respeito e devoção, e estai certos de que serão elas conduzidas pelos bons Espíritos até os pés do Criador, como oferenda digna de sua infinita glória e poder, de seu inesgotável amor e desvelo por suas criaturas.

104
BATEI E ABRIR-SE-VOS-Á

"Batei e abrir-se-vos-á." (Mateus 7:7)

Tecendo comentários em torno desta promessa do Mestre, lembremos que há portas dando acesso a variados campos de experiência, e também muitas formas de a elas bater.

Muitas vezes bateis com insistência às portas de oportunidades e vantagens materiais, sem refletirdes aprofundadamente nas reais necessidades de vossos Espíritos, verificais, às vezes, após tristes experiências, que trocastes realidades eternas por valores transitórios.

Outros batem, continuamente, à porta de saída de lugares ou situações menos agradáveis, sem reconhecerem que a sabedoria do Senhor a ninguém coloca fora de sua legítima posição, a bem do progresso individual e coletivo das criaturas. Não pretendemos dizer que não devais tentar fugir das situações penosas, às circunstâncias desagradáveis que vos atormentem; queremos lembrar que, feito o possível pelo seguidor do Mestre, obedecendo às leis do trabalho e da perseverança, para escapar de suas dificuldades, sem maiores resultados, deve este rogar ao Senhor bênçãos de tolerância e resignação, e o entendimento da sabedoria do criador que, tendo estabelecido harmoniosa e perfeita disposição dos astros no infinito e dos átomos nos corpos materiais, sabe também localizar seus filhos nos postos de trabalho, experiência e aprendizado mais adequados.

No entanto, tendo o seguidor do Mestre compreendido que o de que necessita primordialmente é progredir em direção ao Pai, resta saber de que forma baterá ele às portas das oportunidades de realizar tal progresso. Como vos ensinam os princípios de cortesia comum na Terra, há batidas delicadas e violentas, corteses e impacientes, gentis e ruidosas. E muitos são os que batem às portas do Reino de Deus com impaciência, reclamando urgente admissão, sem desejarem prestar testemunho de perseverança e firmeza na fé; com grande arruído e maior dispersão de energias úteis, proclamando em altas vozes muito já terem realizado no campo evangélico e aprendido das leis do Criador.

Alguns, egoisticamente, olvidam as necessidades dos companheiros menos felizes em sua jornada evolutiva, alegando que a urgência que experimentam em avistar-se com o Divino Amigo não lhes permite ocupar-se com os demais, cuja obrigação é esforçar-se em sua ascensão espiritual como eles mesmos julgam ter feito, com o máximo sucesso; esquecem tais irmãos que o egoísmo desse raciocínio, se não pode invalidar o progresso que tenham realizado em algum dos incontáveis setores de trabalho e adiantamento espiritual, não deixa de diminuir o mérito de tal progresso. Certamente, o Criador não aguardará que a mais primitiva de suas criaturas chegue ao seu Reino para dele franquear a entrada aos mais evoluídos Espíritos, mas isso não anula a lei de solidariedade exemplificada, em grau máximo, pelo Mestre Jesus, que desceu até nós para nos elevar.

Vede pois que, se é importante selecionar as portas a que bateis, é também essencial saber bater, pois, se não vos alegrais em receber o visitante que desde o primeiro anúncio de sua presença demonstra falta de compostura e cortesia, ainda menos poderá Deus, Senhor de toda elevação, harmonia e justiça, permitir a admissão em planos de luz e superioridade espiritual a quem não se possa apresentar condignamente à sua entrada, exibindo credenciais de humildade e desprendimento no trabalho junto ao Mestre.

105
PEQUENINOS

"Aquele que receber um pequenino em meu nome é a mim que recebe."

Quando Jesus assim falou ele se referia às crianças, aos Espíritos nos primeiros estágios de uma nova encarnação, quando então, apresenta-se em toda a simplicidade e candura.

Podemos, entretanto, dar-vos o desenvolvimento já concatenado em sentimento que cada um dos presentes possui em relação a essas palavras do Mestre.

Espero, então, que sejam capazes de receber em seus corações, não apenas esses pequeninos, no sentido de recentemente encarnados, mas também aqueles que são pequenos em entendimento, no desenvolvimento de suas virtudes, na sua evolução.

É a estes que pedimos procureis receber com amor em vossas vidas, em vossos ambientes, em vosso meio de trabalho. Procurai receber também esses pequeninos, embora crescidos fisicamente, embora possuam mesmo desenvolvimento intelectual porém não atingiram ainda maturidade espiritual. Não são ainda capazes de agir como criaturas que cresceram intimamente em direção ao Evangelho do Mestre e permanecem ainda em estágio primário de evolução e são, portanto, espiritualmente falando, ainda crianças.

Muitas vezes são essas crianças espirituais que mais necessitam de auxílio, de amparo e que devem ser recebidas carinhosamente.

Por isso procurai todos vós, porque já sois capazes de o fazer, acolher com carinho todos que se apresentam em estágios ainda inferior de evolução. Verdadeiramente pequeninos espiritualmente e será ainda assim ao Mestre que estareis recebendo porque para com aqueles ele tem um carinho todo especial. Será a ele que auxiliaremos em sua tarefa de amparar os irmãos mais atrasados em evolução.

Por isso, atendendo ao apelo do Mestre a todos envolvei em vibrações carinhosas, em vibrações de paciência, de tolerância e de amor e não tardarão aqueles a crescer espiritualmente, contagiados pela vossa paciência e tolerância e então, todos juntos, podereis crescer em direção ao Mestre, o divino sol de nossas vidas.

106
DISCERNIMENTO

"Igualmente o reino dos céus é semelhante a uma rede lançada ao mar, e que apanha toda a qualidade de peixes. E, estando cheia, a puxam para a praia; e, assentando-se, apanham para os cestos os bons; os ruins, porém, lançam fora." (Mateus 13:47-48)

Por força mesmo das leis cármicas, todos recolheis não apenas bons peixes no oceano da vida, mas também, frequentemente, muitos maus.

Entretanto, devem os discípulos do Mestre conservar em seu tesouro íntimo apenas os bons, desfazendo-se dos maus. Mas tantas vezes observamos que guardais os maus, e, demasiado atentos à sua importância, nem sequer notais a presença dos bons! Muitas vezes acolheis em vossos corações sentimentos negativos, impressões desfavoráveis, injustificada revolta ante a colheita dos maus frutos semeados no passado. Atenção toda concentrada na importância dos maus peixes recolhidos, quantas vezes olvidais as bênçãos do Senhor, a luz da divina consolação deixada pelo Mestre em seu Evangelho! Como poderá então o Criador conceder-vos resignação, coragem e entendimento para superardes as dificuldades do caminho?

Rogai ao Senhor o discernimento precioso que vos permita analisar com sabedoria e segurança tudo aquilo com que vos defronteis, distinguindo o bem do mal, a lembrança digna de ser conservada, daquela que deve ser apagada da memória, o ensinamento útil a ser incorporado ao patrimônio eterno do Espírito, da experiência infeliz que é preciso olvidar a bem do equilíbrio interior.

Aplicai-vos a esse trabalho de constante análise e seleção, e passareis a recolher no santuário de vossos Espíritos as bênçãos concedidas pelo amado Mestre Jesus, e não mais as infelizes impressões do mal que vos cerca. Libertos então da bagagem psíquica inferior que agora vos oprime, iniciareis seguramente o desenvolvimento do reino de Deus interior, e voareis livremente ao encontro do Divino Amigo.

107
O FILHO PRÓDIGO – I

Recordando a parábola do Filho Pródigo, relatada em Lucas 15:11-32, meditemos na oportunidade de seu retorno à casa paterna.

Na verdade, retornou ele bastante tarde, uma vez que já havia dispendido toda a sua parte da herança, sofrido a desilusão de ver afastarem-se os falsos amigos dos tempos de prosperidade, e passado pelas angústias da solidão e da miséria, reduzido a uma condição inferior à dos servos de seu pai. Então, só então, deliberou voltar, contrito e arrependido, rogando humildemente ao pai que o acolhesse como servo, não mais como filho. Mas o pai, generoso e compassivo, estreitou-o ao peito como o filho amado que estivera morto e revivera, tinha-se perdido e se reencontrara. Entretanto, revoltou-se seu irmão, invejoso da carinhosa e paternal acolhida dispensada àquele que regressava de infeliz jornada.

Imaginai agora se mais houvera tardado o filho pródigo em regressar, e, ao fazê-lo, tivesse já seu pai passado ao plano espiritual, deixando seu irmão à testa da direção da casa. Podemos crer que este ter-lhe-ia concedido apenas o lugar de servo por ele humildemente pleiteado, e não se dignaria recebê-lo como irmão que retornava.

Eis a imagem do que tantas vezes sucede aos que não se dão pressa em regressar ao Reino de Deus; perdem preciosas e benditas oportunidades de retorno ao caminho do bem, de esclarecimento e redenção de seus Espíritos enquanto permanece o Senhor da vida a aguardá-los, amoroso e compassivo; mas, por muito tardarem em atender ao seu paciente e generoso chamado, terminam ligando-se, por sombrios e dolorosos laços, a irmãos poucos esclarecidos que os dominam e fazem resgatar, em duras penas, sua demora em voltar ao Criador.

Buscai zelosamente aproveitar a bendita possibilidade de mais rápida integração na lei de Deus que Ele atualmente vos concede, aguardai-vos de braços abertos, todo amor e paciência, antes que vos encontreis em dolorosa sujeição a irmãos infelizes, tornados, por sua invigilância, em adversários da luz do Mestre, ciosos de sua bondade e misericórdia.

108
BUSCA DA VERDADE

"Aquele que busca, encontra", afirmou o Mestre em seu Evangelho.

Muitos são os que procuram encontrar alguma coisa em suas vidas. Esse objetivo será frequentemente de natureza material, ou até mesmo inferior e condenável, assim prejudicando a evolução espiritual de quem esteja interessado em sua busca.

Muitos outros, esclarecidos acerca da fidelidade real da vida, ou seja, a reintegração consciente das criaturas de Deus, lançam-se à busca da verdade. Alguns, entretanto, em seu zelo excessivo, não se satisfazem com a modesta porção de conhecimento que lhes seja possível adquirir com maior ou menor facilidade; almejam alcançar conhecimentos superiores às suas possibilidades.

Vemos então criaturas muito bem intencionadas, sinceras e de bons sentimentos, inquietas e desassossegadas em suas pesquisas no campo religioso. Lerão grande número de livros e publicações, lançar-se-ão avidamente aos folhetos que divulguem os resultados das investigações alheias no setor religioso, informar-se-ão minuciosamente acerca dos resultados das meditações de iniciados na penetração da verdade. E, ao fim de mil leituras, após um sem número de conferências ouvidas e discussões com outras criaturas animadas pelo mesmo ideal, quedam-se, muitas vezes angustiadas, perguntando: "Senhor, onde está a verdade? Tanto tenho estudado procurando alcançá-la, mas cada vez sinto-me mais distante do meu objetivo, torturado por mil dúvidas insolúveis. Dar-se-ia que tu não me abençoasses em meu esforço tão nobre e bem intencionado?"

Olvidam esses que disse o Mestre: "Dos pequeninos é o Reino dos Céus; quem não receber esse Reino como um menino, de maneira alguma entrará nele."

Eis o que ensinou o Mestre: encontrareis a verdade na singeleza de vossos próprios corações, na simplicidade de um Espírito adulto que sabe tornar-se semelhante a uma criança, confiante na bondade de Deus que derrama suas bênçãos sobre justos e injustos. Também o conhecimento da verdade é concedido por Deus a quem saiba recebê-lo com amor e humildade, sem pesquisas ansiosa e descontroladamente, olvidando que para tudo há uma estação própria.

Jamais condenaríamos o estudo e a investigação religiosa, pois devem as criaturas alcançar toda a ciência, ao lado do máximo desenvolvimento de sua capacidade de amar. O que não desejamos é que, no afã de alcançar a verdade maior, olvideis que para atingir o máximo é necessário passar pelo mínimo; para chegar à sabedoria de um Mestre, é preciso ter aprendido, com paciência e muito amor, as primeiras letras do alfabeto universal.

Adquiri, portanto, toda a ciência possível, mas não olvideis as palavras do Mestre: "Sede simples como as pombas."

Que a vontade, justa e louvável, de muito aprender, de forma alguma vos torne demasiado exigentes intelectualmente, pois isso vos privaria das satisfações simples que tanta alegria proporcionam aos corações despretensiosos. E assim terá cumprimento, em vossas vidas, a promessa de Jesus: "Aquele que busca, encontra."

109
AGUARDA

"Senhor, que queres que eu faça? E disse-lhe o Senhor: Levanta-te, e entra na cidade, e lá será dito o que te convém fazer." (Atos 9:6)

Foram essas as palavras finais trocadas entre Jesus e Paulo de Tarso, na cena da estrada de Damasco.

Ter-se-ia Paulo decepcionado com a orientação aleatória, ainda que segura, recebida do Mestre? Por certo, após a visão que profundamente o comovera, teria o futuro apóstolo dos gentios a cabeça fervilhante de ideias e generosos projetos, o coração pleno de ansiedade e pressa de iniciar o trabalho evangélico. Naqueles rápidos instantes, desejou muito depressa iniciar sua grande obra de divulgação do Cristianismo em todo o mundo então conhecido, e seu coração vibrou de ansiedade pelos momentos em que daria testemunho de sua radical transformação perante os que o haviam conhecido como extremado cultor da lei mosaica, e especialmente junto aos que haviam sofrido sua perseguição.

No entanto, a síntese da resposta de Jesus à sua ansiosa indagação foi: Aguarda.

Vós, que tendes pressa de iniciar grandes trabalhos, de muito realizar prontamente no campo evangélico, e vos impacientais porque a preparação para tanto parece longa, porque os cursos a serem seguidos se vos afiguram demasiado extensos, ou porque o desenvolvimento de faculdades mediúnicas demanda paciência e prolongados esforços, lembrai-vos de que o próprio apóstolo dos gentios ouviu do Mestre: Aguarda.

110
DONS ESPIRITUAIS

"Deus não dá o Espírito por medida." (João 3:34)

Realmente, Deus distribui dons espirituais com imensa generosidade.

Entretanto, nem por isso deveis aguardar recebê-los como dádiva gratuita do Senhor, pois constituem algo que deve ser recebido com infinita gratidão, e a mais sincera disposição em bem aplicá-los.

Com tristeza, vemos muito frequentemente os mais belos e valiosos dons do espírito esperdiçados, perdidos por negligência de seus depositários, arruinados e desviados de suas sagradas finalidades pelo mau emprego que lhe seja dado.

Não olvideis que os dons espirituais são precioso depósito que o Senhor vos confia, e um severo compromisso de trabalho do qual devereis prestar rigorosas contas. E jamais coloqueis, por negligência, falta de zelo evangélico ou infundados temores, limites à generosidade do Senhor, que, verdadeiramente, "não dá o espírito por medida".

111
COMEMORANDO O NATAL

"Glória a Deus nas alturas, paz na Terra, boa vontade para com os homens." (Lucas 2:14)

Foi este o cântico entoado pelos anjos em presença dos pastores de Belém, anunciando-lhes que era chegado o Salvador ao mundo. Acorreram então os humildes pastores, jubilosos, ao encontro do menino Jesus, levando-lhe o carinho de seus singelos corações e, louvando a Deus por sua infinita generosidade para com as criaturas.

Novamente ouvem-se na Terra as palavras do cântico celeste, anunciando o Natal do Mestre. E esse cântico vos faz refletir: Como seria possível glorificar o Senhor de toda a glória e poder? Como se poderia ver realizado o ideal de paz na terra, e boa vontade entre os homens?

Podeis render homenagem a Deus pela sincera disposição de serviço cristão, assim dando testemunho de que o reconheceis como Senhor de vossas vidas. Podereis glorificar o Criador permitindo que viva o Mestre em vossos corações, dedicando as mãos ao serviço da caridade fraterna, e colocando vossa palavra à disposição do trabalho de esclarecimento evangélico da humanidade.

Desejaríeis ver cumprida a palavra das hostes angélicas: "Paz na Terra". Começai por pacificar vosso próprio coração, assim diminuindo a inquietação em vossos lares e ambientes de trabalho. Dai exemplo de uma vida harmoniosa e singela, de mansidão e quietude em Jesus, e estareis contribuindo, ainda que modestamente, para a concretização do maravilhoso ideal de paz entre os homens.

Seja este Natal comemorado entre vós pelo decisivo despertamento da centelha crística em vosso íntimo; permiti que nasça o Mestre em vossos corações. Esta, a melhor e mais santa celebração do dia que separastes para comemorar o nascimento, em corpo de carne, do Salvador entre vós.

112
TALENTOS

Em vossas meditações a respeito da parábola dos talentos, relatada em Mateus 25:14-30, procurais descobrir quais tenham sido as possibilidades a vós confiadas pelo Senhor.

Alguns de vós pensam, desconsolados: Não me confiou o Senhor talento algum aproveitável. Não possuo fortuna, posição elevada, inteligência, cultura, ou faculdade mediúnica que possa aplicar ao serviço do Mestre. Que infortúnio o meu, estar desta forma desprovido de talento digno de ser aproveitado!

No entanto, sabeis que, muitas vezes, os talentos distribuídos pelo Senhor surgem sob feição desfavorável, aparentemente impossibilitando seus detentores de maiores realizações.

Desta maneira, aquele que, digamos, se considere impossibilitado de colaborar com o Mestre por falta de uma brilhante inteligência, reflita que lhe cabe passar por essa deficiência simplesmente a caminho da aquisição de capacidade intelectual, ou em resgate de faltas pretéritas. Seja, portanto, modesto, e realize com simplicidade e amor o que puder pelo próximo, em outros setores de trabalho.

Dirão alguns: Mas o Mestre, em sua parábola, acentuou a necessidade da multiplicação dos talentos recebidos e consequente aquisição de outros novos. Que poderei eu realizar nesse sentido se deles estou desprovido?

No entanto, nem sempre a recomendação de Jesus significará que se deva, literalmente, multiplicar os talentos recebidos, assim adquirindo outros maiores, da mesma natureza, como será o caso de quem, possuindo o intelecto desenvolvido, continuamente aumente sua capacidade de aprender e discernir. Na verdade, se o Pai vos confiou, por exemplo, o talento, aparentemente desfavorável, de uma posição não elevada aos olhos dos homens, é para que cultiveis a humildade, ou alcanceis o prêmio de terdes resgatado falta do pretérito.

Compreendei que os talentos, as faculdades doadas pela misericórdia do Pai às suas criaturas, podem manifestar-se de infinitas formas, e mesmo como escassez material, incapacidade intelectual, falta de saúde física, ou dificuldades de toda sorte. Mas os sinceros seguidores do Mestre saberão, com o seu infinito amparo, descobrir de que forma se manifesta para com eles a generosidade do Senhor, que a ninguém deserda, e a todos concede os recursos necessários ao próprio progresso, e à prestação de fraternal auxílio aos seus semelhantes.

Buscai com sinceridade descobrir o valor de vossas próprias possibilidades, e vereis que elas vos facultam preciosas oportunidades de trabalho, aquisição de virtudes, reconciliação com desafetos do passado, ou resgate de faltas pretéritas.

113
TENTAÇÕES

"Porque naquilo que ele mesmo, sendo tentado, padeceu, pode socorrer aos que são tentados." (Hebreus 2:18)

"Porque não temos um sumo sacerdote que não possa compadecer-se das nossas fraquezas, porém um que, como nós, em tudo foi tentado, mas sem pecado." (Hebreus 4:15)

Quão frequentemente são os seguidores do Senhor afligidos por tentações e desacoroçoados por quedas! Julgam-se, então, indignos do título de seguidores do Mestre, e mesmo de penetrarem a casa de Ismael, considerando-se profundamente desmerecedores da caridade perene e imutável do Senhor.

Não seja assim entre vós, que possuis esclarecimento e podeis compreender o espírito que vivifica a letra evangélica.

Na verdade, tendo o Mestre sofrido agudamente o assédio das forças espirituais inferiores em sua romagem terrena, muito claramente percebe as vossas lutas e dificuldades, e não vos exila de seu coração amoroso em razão de fraquezas que ainda mais carentes vos tornam de seu amparo e misericórdia.

Confiai no Senhor. Ele não exige, não espera que suplanteis instantaneamente todas as inferioridades, paixões e más tendências por vós mesmos criadas em pretéritos tenebrosos.

Espera e confia, isto sim, que vos não desencorajeis na luta por vosso aperfeiçoamento espiritual, mas continuamente vos fortaleçais, pois de uma queda nasce a experiência que, devidamente aproveitada em oportunidade de nova tentação, conduz à vitória sobre o mal, triunfo que um dia, com a infinita misericórdia do Pai, será definitivo e permanente.

114
VALIOSAS CONQUISTAS

Lemos na descrição simbólica da majestade divina, segundo o vidente João: *"... e lançavam as suas coroas diante do trono..."* (Apocalipse 4:10)

Tereis vós aprendido a depositar vossas coroas aos pés do Senhor?

Não nos referimos a coroas reais, de pedras e metais preciosos, mas sim às que brilham, invisíveis ao olhar humano, em muitas frontes.

Se for alguém aplicado ao estudo, alcançará a coroa da sabedoria; se devotado à conquista de virtudes quaisquer, constituirão estas preciosíssimo diadema, a fulgurar no plano etéreo; há coroas de resignação, caridade, coragem, devotamento e paciência.

Vede bem que a coroa que vos cinja a fronte não se vos torne motivo de vaidade e orgulho, qual pesado fardo a complicar-vos a ascensão espiritual. Carregai-a com simplicidade, seja ela resultado de trabalhos bem realizados, de uma vida evangelicamente conduzida, ou da aquisição de sabedoria.

Depositai-a, simples e agradecidos, aos pés do Senhor, e tereis a orná-la pedra infinitamente preciosa: a humildade.

115
HUMILDADE

Ouvindo do moço rico as palavras "Bom Mestre" respondeu o Senhor: "Por que me chamais bom? Não há bom senão um só, que é Deus." (Mateus 19:16-17)

Vendo que uma mulher do povo louvava a Maria, como sua mãe, disse simplesmente: *"Antes bem-aventurados os que ouvem a palavra de Deus e a guardam"* (Lucas 11:28)

Observando o pranto de piedosas mulheres, angustiadas por vê-lo encaminhar-se, cruz às costas, ao local do martírio, *"... voltando-se para elas disse: Filhas de Jerusalém, não choreis por mim, chorai antes por vós mesmas, e por vossos filhos."* (Lucas 23:28)

Vede como procurava o Mestre desviar o louvor que lhe endereçassem à conta do Pai Celeste, ou à de fiéis seguidores da lei divina. E o próprio pranto, que por Ele derramavam criaturas de corações confrangidos pelo espetáculo de sua inenarrável agonia, afirmou que antes deveria ser vertido em intenção dos habitantes deste plano de dor e sofrimento, e não por quem se aprestava a regressar ao Reino do Pai.

Meditai nesses versículos que tão bem demonstram a profunda humildade e absoluta ausência de personalismo do Mestre, que jamais se afastou da linha de conduta por Ele expressa em Mateus 20:28: *"O Filho do homem não veio para ser servido, mas para servir."*

116
A FIGUEIRA E OS FRUTOS

"E, no dia seguinte, quando saíram de Betânia, teve fome. E, vendo de longe uma figueira que tinha folhas, foi ver se nela acharia alguma coisa; e chegando a ela, não achou senão folhas, porque não era tempo de figos. E Jesus, falando, disse à figueira: Nunca mais coma alguém fruto de ti. E os seus discípulos ouviram isto. E eles, passando pela manhã, viram que a figueira se tinha secado desde as raízes." (Marcos 11:12-14; 11:20)

Procuremos entender como possa o Mestre, todo amor e compaixão, ter assim castigado uma árvore por não produzir fruto fora da estação própria.

Tal providência do Mestre, fazendo secar a figueira, assemelha-se à atitude do Senhor que, ao tomar conta dos servos aos quais confiara diferentes talentos, determinou fosse o negligente dentre eles despojado do que tinha: "... ao que não tiver, até o que tem ser-lhes-á tirado" (Mateus 25:29) Ainda em Mateus, cap. 7, vers. 19, lemos: "Toda a árvore que não dá bom fruto corta-se e lança-se ao fogo."

Semelhantemente, aqueles dos seguidores do Mestre que não produzam bons frutos serão desarraigados da terra generosa e fértil que os acolhe, e transplantados a solo árido e ingrato, do qual com dificuldades e grandes penas extrairão a seiva que agora, com tamanha fartura, aurem de seu seio.

E o exílio de uma terra generosa fertilizada pelo trabalho missionário de tantos abnegados mensageiros do Senhor, para uma outra, árida e pedregosa, não seria a mesma secura imposta pelo Mestre à figueira estéril? Não equivalerá tal remoção para ingrato ambiente à perda dos talentos mal aproveitados?

Vede bem que diz o vers. 13 da parábola: "... não era tempo de figos". Mas tal não considerou o Mestre como atenuante da culpa de sua esterilidade.

Diz-nos o bom senso que a uma planta não reclamaria o Senhor a produção de frutos temporões, ou serôdios. Entendamos, antes, que para os seguidores do Mestre sempre é tempo e estação de produzirem bons frutos.

O testemunho de operosidade na seara divina é para ser dado a cada instante, e será de tanto maior valor e proveito para esclarecimento dos que o necessitam, se difíceis forem as circunstâncias de que se revista.

Tirai pois o máximo proveito da terra dadivosa e boa que vos acolhe, e preparai-vos para que, ao vir o Mestre recolher vossos frutos, não vos tenha de classificar entre as plantas estéreis, condenando-os a desterro e replante em solo ingrato que vos caberá abrandar com suor e lágrimas.

117
A PÉROLA

"... o Reino dos Céus é semelhante ao homem, negociante, que busca boas pérolas; e, encontrando uma pérola de grande valor, foi, vendeu tudo quanto tinha, e comprou-a" (Mateus 13:45-46)

Quando, com grande ardor, colimam os homens um objetivo, é frequente tudo sacrificarem à satisfação de seus desejos e aspirações.

Renuncia o homem aos prazeres mundanos para, encerrado num gabinete, ilustrar-se ao contato dos livros. Outros, no esforço e na luta sem tréguas em busca de posição de relevo no mundo, descuidam-se de seu organismo físico enfraquecendo-o e deixando-o prematuramente combalido. Muitos são os que, buscando as pérolas falsas da satisfação dos sentidos, ou das afeições egoístas e mal orientadas, olvidam aquela outra, legítima e infinitamente preciosa, a que se refere o Mestre.

Muitos, conscientemente ou não, procedem como o negociante a que se reportou o Senhor: têm quase que um único e exclusivo intuito em suas vidas, e por ele sacrificam, muitas vezes, o essencial ao supérfluo, o bom e útil ao mau e pernicioso.

Entretanto, somente os discípulos do Mestre podem encontrar a pérola, o tesouro a que se refere a parábola: a redenção do próprio Espírito, sua rendição final e completa à vontade do Pai de amor e sabedoria.

Por serem muitos os sacrifícios exigidos aos iniciantes no caminho da própria redenção, poder-lhes-á talvez parecer, a princípio, de escasso e discutível valor a prometida pérola celestial.

Lembrem-se esses tais, no entanto, de que, para seguir as pegadas do Mestre, sacrifica-se unicamente o transitório pelo eterno, o ilusório pelo real, a materialidade grosseira por celestial espiritualidade, as satisfações inferiores pela legítima felicidade do Espírito, os enganos do mundo pela perfeita sabedoria cuja aquisição permite o Pai dizer aos filhos que para Ele se voltam, segundo as palavras do Evangelho: *"Já não vos chamarei servos, porque o servo não sabe o que faz o seu Senhor, mas tenho-vos chamado amigos, porque tudo quanto ouvi de meu Pai vos tenho feito conhecer."* (João 15:15)

118
CENÁCULO INTERIOR

Quando, em Jerusalém, perguntaram os discípulos ao Mestre onde festejariam eles a Páscoa, respondeu-lhes este que, indo à cidade, encontrariam um homem que os levaria a *"um grande cenáculo mobiliado e preparado", e que ali celebrariam sua última ceia.* (Marcos 14:12-16)

O Cristo eternamentc aguarda que lhe preparemos o cenáculo interior de nossos Espíritos para que Ele aí penetre e possa celebrar a santa ceia em que nos dará a comer o pão de sua doutrina, a beber a água viva de seu ensinamento.

Preparai com amor o templo de vossos corações, para que o Cristo nele faça morada, e com Ele comungueis. Preparai-vos para receber o divino amigo, e Ele habitará entre vós, felicitando-vos para sempre e dando-vos *"a comer da árvore da vida, que está no meio do Paraíso de Deus", no banquete eterno a que são admitidos "aqueles que venceram".* (Apocalipse 2:7)

119
TRABALHADORES DA ÚLTIMA HORA

"... aquele que fizer convencer do erro do seu caminho um pecador salvará da morte uma alma, e cobrirá uma multidão de pecados." (Tiago 5:20)

Verdadeiramente, o amor desinteressado e o trabalho evangélico em benefício do próximo cobrem a multidão de pecados.

Frequentemente vemos tristeza em vossos corações, por vos julgardes não merecedores de colaborar com o trabalho do Mestre. Crede, qualquer que cultive o sentimento do amor não egoísta e busque servir ao Senhor torna-se digno da tarefa que espose.

É verdade que alguns de vós não há muito que se decidiram a abandonar o egoísmo e o sentimento de amor exclusivista, a manifestar-se unicamente em bases de reciprocidade, para iniciarem a conquista de dons do coração não restritos e acanhados, mas evangélicos e altruístas. Entretanto, não seja a noção que tendes de ser trabalhadores de última hora motivo para sentimentos de inferioridade diante da oportunidade de serviço evangélico.

Na realidade, qualquer que saia de seu círculo pessoal, acanhado e exclusivista, para ir em busca do próximo sofredor, torna-se digno de ser um seguidor do Mestre.

Haja pois júbilo em vossos corações, e não julgueis que o Senhor possa desdenhar o resultado de vossa boa disposição em servir, por modestas que sejam vossas possibilidades, e por menos adestrados que estejais no trabalho junto ao Mestre. O Senhor julgará vossa sinceridade de propósitos e os sentimentos de vossos corações ao procurardes servi-lo, e não reclamará de vós realização alguma acima de vossas possibilidades.

120
PEDI E OBTEREIS

"Pedi, e dar-se-vos-á." (Mateus 7:7)

Sabeis, porém, vós que vos queixais de não receberdes o que pedis, a razão para que tal suceda? Encontrareis a resposta em Tiago 4:3: "Pedi, e não recebeis, porque pedis mal".

Investigai o fundo de vossos corações, e vede se aquilo porque ansiais e rogais ao Pai não seria contrário aos vossos interesses espirituais e eternos, ainda que vos satisfizesse transitoriamente.

Rogai ao Pai que vos conceda bênçãos de paz, esclarecimento de vossas consciências, resignação ante as provações que sofreis para resgate de vosso passado delituoso. Pedi que vos sejam dadas forças para resistirdes ao assédio das tentações inferiores, aos impulsos menos dignos que partem de vossa própria natureza ainda não inteiramente evangelizada. Suplicai que o Pai misericordioso faça de vossa fraqueza, força; de vossos temores, coragem; de vossa insipiência no caminho da redenção, adiantamento rápido e seguro.

Rogai ao Senhor aquilo de que tendes real necessidade, à luz do conhecimento evangélico, e seguramente o recebereis, de acordo com o vosso merecimento.

Ledes em Mateus 7:9: "E qual dentre vós é o homem que, pedindo pão o seu filho lhe dará uma pedra?"

Se tal é a benevolência de um pai terreno, a caridade do Senhor dos mundos, perfeita e infinita, a ninguém que peça com conhecimento de causa e humildade há de negar suas bênçãos e seu amparo.

121
TESOURO ETERNO

"Aconselho-te a que de mim compres ouro provado no fogo, a fim de que te enriqueças." (Apocalipse 3:18)

Vemos o Mestre a ditar ao vidente João o conselho de que nos enriqueçamos intimamente pela aquisição do ouro puríssimo que são os dons espirituais, o conhecimento e a prática do Evangelho, o amor fraterno a transbordar de um coração sincero e humilde de discípulo.

Vemos que o Mestre nos disse no Sermão do Monte: "Onde estiver o vosso tesouro, aí estará também o vosso coração." (Mateus 6:21)

Seja o vosso tesouro a fé profunda e inquebrantável, a confiança permanente no Mestre que vos guia. Seja o vosso tesouro, a ser acalentado e alimentado, a chama do amor fraterno que, ainda incipiente, bruxoleia palidamente em vosso íntimo.

Seja vosso bem maior a vossa disposição e possibilidade de trabalho junto ao Mestre. Se desenvolverdes abnegadamente vossas possibilidades de serviço cristão, entrareis na posse do tesouro eterno, doação do Pai aos seus filhos que a Ele retornam, tesouro esse de paz e harmonia, júbilo e glória junto ao Mestre.

122
REPOUSO INDEVIDO

"O que tens de fazer, faze-o depressa." (João 13:27)

Foram estas as palavras cheias de humildade e resignação dirigidas pelo Mestre ao nosso irmão Judas que ia, em razão de sua invigilância, dar cumprimento às profecias relativas ao sacrifício do Salvador.

Entretanto, podemos todos ouvir a palavra do Mestre: "O que fazes, faze-o depressa."

Temos todos muito, muitíssimo a fazer no campo da própria evolução espiritual. Ajamos com rapidez, para mais cedo atingirmos o reino de Deus interior prometido pelo Mestre.

Depressa destruamos a criatura velha interior, dando lugar a uma nova criatura evangelizada; depressa nos libertemos do milenário manto de imperfeições e materialidade, e busquemos seguir o Cristo.

Não nos detenham a tentação do repouso indevido, nem a acomodação do *"um dia, estudarei; quando sentir-me disposto, começarei a trabalhar"*.

"O que tens de fazer, faze-o depressa". Avancemos com rapidez maior ao encontro do Mestre, pois Ele, embora dotado de infinita paciência, por muito nos amar tem pressa em nos receber no Reino do Pai.

123
SIMPLES E SINGELOS

"Olhai para os lírios do campo, como eles crescem: Não trabalham nem fiam; e eu vos digo que nem mesmo Salomão, em toda a sua glória, se vestiu como qualquer deles." (Mateus 6:28-29)

Olhai os lírios do campo; contemplai tudo que é singelo e humilde, simples e despretensioso.

"A candeia do corpo são os olhos; de sorte que se os teus olhos forem bons, todo o teu corpo terá luz" (Mateus 6:22)

Purificai vossos olhos da vista do mal e do artifício pela contemplação da natureza vigorosa e singela criada pelo Pai, adornada pelo Mestre.

Se vossos olhos se afeiçoarem à contemplação da singeleza e da simplicidade, simples e singelos serão vossos corações.

Olhai os lírios do campo: sede como eles.

Transpareça em vossos atos de caridade a doçura de vossos corações; mostre-me a singeleza de vossas almas nas vossas efusões de amor e carinho; sede simples e desprentensiosos ao exibirdes o conhecimento que vos felicitam as mentes esclarecidas pelo Evangelho.

Sereis então reais seguidores do Mestre que, humilde e despretensioso, caminha à vossa frente.

124
LUZ RESPLANDECENTE

"E a luz resplandece nas trevas, e as trevas não a compreenderam." (João 1:5)

Tendes para sempre entre vós a luz esclarecedora do Evangelho do Mestre, e a luz santificadora do seu amor.

A luz do Mestre resplandece eternamente nas trevas, mas os que habitam nas trevas há longo tempo têm já os seus olhos cegos e não a percebem. Os que têm seus corações em trevas tampouco divisam a luz do amor divino.

É preciso que tal luz lhes seja manifestada muito clara e amorosamente pelos discípulos do Mestre, para que seus olhos cegos e corações endurecidos sejam tocados.

Quanto de amor, devoção e humildade será exigido dos discípulos do Mestre para que a sua luz resplandeça em tão espessas trevas! Somente extremos de caridade e abnegação podem tocar corações endurecidos no mal, abrir olhos cegos pela longa permanência em trevas.

Sabeis que o óleo para as vossas lâmpadas jamais vos há de faltar, pois tendes a compreensão do Evangelho e a percepção do amor divino. Buscai pois tornar vossas lâmpadas em enorme facho, para que a vossa luz resplandeça nas trevas e as trevas a possam compreender.

125
TRANSFORMAÇÕES

Notamos nos Evangelhos muitos exemplos de "transformações".

O primeiro ato aparentemente miraculoso operado publicamente pelo Mestre foi a transformação de água em vinho nas bodas de Caná.

Lemos que o Mestre "andando junto ao mar da Galileia viu Simão e André, seu irmão, que lançavam a rede ao mar, pois eram pescadores. E Jesus lhes disse: *"Vinde após mim, e eu farei que sejais pescadores de homens. E, deixando logo as suas redes, o seguiram."* (Marcos 1:16-18). Convidava-os pois a se transformarem em pescadores de almas para o reino de Deus.

Vemos o Mestre constantemente a transformar dor em alegria, enfermidade em saúde, ignorância em esclarecimento. Vemo-lo a transformar Madalena obsediada em criatura digna, e seus discípulos temerosos e vacilantes em valorosos obreiros de sua seara.

Observamos como, manifestando-se a Saulo perseguidor na estrada de Damasco, transformou-o no apóstolo dos gentios, e, finalmente, vemos todo o panorama social do mundo profundamente modificado pelo seu Evangelho.

Perguntamos aos discípulos do Mestre: Que transformações vindes operando em vós mesmos, e em vosso meio?

É necessário que vos transformeis intimamente segundo o exemplo e ensinamento do Mestre, e vos disponhais a transformar as lágrimas do próximo em sorriso de esperança, a dor em regozijo, a ignorância em esclarecimento.

Vede bem se as transformações que se operam em vosso íntimo, e ao vosso redor por vossa influência, são dignas de um seguidor do Mestre.

126
AMAR

"Como o Pai me amou, também eu vos amei a vós; permanecei no meu amor. Se guardardes os meus mandamentos, permanecereis no meu amor; do mesmo modo que eu tenho guardado os mandamentos de meu Pai, e permaneço no seu amor." (João 15:9-10)

Quando o amor habitar no coração de cada ser, perfeito será o entendimento entre criador e criatura, entre o Senhor dos mundos e seus servos humildes.

Como se poderá aprender a amar, senão exercitando continuamente a prática do amor?

Começar-se-á pela primeira lição, ensinada pelo Mestre na parábola do Bom Samaritano: amar-se-á ao próximo mais próximo, exercitando paciência e tolerância. Com o passar do tempo, natural e espontaneamente, alargar-se-á o círculo abrangido pela nossa afeição, até tornar-se em sublime amor universal.

Amar-se-á também qualquer trabalho que nos seja confiado, executando-o com carinho e devoção, e dedicando-o ao Senhor; tendo ofertado ao Pai um trabalho, só o podemos realizar com amor e cuidado.

Assim, se aprenderá a lei do amor para com tudo e todos, e se chegará ao Pai, que é todo amor.

127
GRAÇAS AO PAI

Graças te damos, Pai de misericórdia e amor, pelo dom da vida eterna que nos concedeste.

Graças porque teu infinito amor uma só forma de expressão encontra: aumentar infinitamente o número de criaturas a quem tu amas, e esforçar-vos para que se tornem dignas de tão grande amor.

Graças, Pai, porque nos dás a flor que perfuma e o espinho que defende, a amizade que enaltece e a inimizade que corrige, a alegria que enleva e a dor que retifica e sublima.

Obrigados te somos porque todos os teus atos são manifestações de amor, sem restrições ou sombra de vacilação.

Pai de amor, muito valorizamos o dom da vida que nos concedeste. Ensina-nos, Pai, a compreender seu valor em toda a extensão, para que possamos orientar àqueles que, ainda cegos, não somente desdenham o supremo dom da vida, mas ainda lamentam o terem sido criados, ignorantes de que toda a vossa criação é um ato de misericórdia e infinito amor.

Concede, Senhor, a cada criatura a bênção de saber dizer-vos, consciente e jubilosamente: *"Graças, Pai, pelo dom da vida que me dispensaste"*.

128
REFORMA INTERIOR

Tendes seguidamente ouvido recomendações quanto ao vosso padrão vibratório, o qual deve ser, o mais possível, harmonioso e estável, evitando-se oscilações e quedas.

Não seria cabível exigir de vós elevação constante de pensamentos e vibrações. Entretanto, embora atualmente impossível vossa estabilização nos planos mais elevados que frequentemente atingis, por esforço próprio, tanto na esfera do pensamento como na do sentimento, bom seria que evitásseis ao máximo oscilações vibratórias. Naturalmente, referimo-nos a oscilações "para baixo", em sentido de "queda", e não aos voos intelectuais e afetivos em que necessariamente vos deveis exercitar, até que vos possais estabilizar em planos mais elevados.

Infelizmente notamos, em muitos dos seguidores do Mestre, uma atitude de certa forma comodista: Deixam-se influenciar por entidades inferiores, ou obedecem a impulsos menos dignos, contando mais tarde reabilitarem-se mediante o devido retorno ao bom caminho, ou por meio de preces e passes, esquecidos de que a queda tem invariavelmente seu preço doloroso, e cada pacto com as forças do mal, por ligeiro que seja, implica sintonia e ligação, muitas vezes prolongando-se mais do que esperava o encarnado invigilante.

Olvidam muitos que não podem ligar-se ocasional e momentaneamente a uma entidade colérica, por exemplo, sem correrem o risco de tê-la, talvez por longo tempo, como obsessora, não mais atendendo a apelos inconscientes, na forma de impulsos raivosos do encarnado, mas acompanhando-o constantemente e, já agora, impelindo-o no sentido das explosões de ódio.

Conhecesseis o imenso valor e a oportunidade sempre atual da oração e da vigilância, saberíeis evitar frequentes “pequenas quedas”, eivadas do perigo de se tornarem em grande e terrível derrocada espiritual, e tampouco correríeis o risco de instantes, embora ligeiros, de sintonia com o astral inferior.

Muitos dão excessiva importância aos fatores cármicos, ao considerarem o problema das obsessões. Na realidade, mesmo o número de obsessões oriundas de rancores e inimizades pregressas diminuiria prodigiosamente, se atentásseis devidamente para o valor imenso da oração e da vigilância.

Para que ocorra obsessão, necessário é que haja, primeiramente ligação. E para que se efetive a ligação, é imprescindível sintonia.

É fato muito conhecido que mesmo os mais evoluídos Espíritos, encarnados entre vós, sempre contaram com acirrados inimigos nos planos astrais inferiores, em virtude mesmo de seu adiantamento espiritual. No entanto, embora o peso tremendo das vibrações adversas que os atingem e, muitas vezes, chegam a abalar profundamente, jamais se teve notícia de que Espíritos de escol fossem vítimas de obsessão. Sabeis que o próprio Cristo não escapou ao assédio das forças das trevas, mas de forma alguma poderia ser influenciado obsessivamente, por absoluta inexistência e impossibilidade de sintonia e ligação entre suas elevadíssimas vibrações e as de seus adversários.

Como único recurso de defesa ante tais perigos, necessário vos é buscar, firme e decididamente, destruir a “criatura velha” que em todos habita, sujeita e vulnerável, por sua imperfeição, aos ataques das forças inferiores, e abraçar sinceramente o propósito de vossa reforma interior.

A ninguém ocorreria, galgando uma escada, subir e descer o mesmo degrau, repetidamente. Não pretenderíeis subir a escada de Jacó, permanecendo em perpétuo movimento de "queda — ascensão — queda".

O que se torna necessário é galgar a escala evolutiva com firmeza e segurança, consolidando cada posição atingida antes de pretender novas conquistas, porque mais vale uma virtude realmente adquirida e firmada em vossos corações, e incorporada ao vosso automatismo subconsciente, do que mil outras improvisadas, superficiais e não consolidadas, prontas a se esboroarem prestamente, à primeira dificuldade.

Com isso, não pretendemos dizer que devais cuidar unicamente do menor entre os vossos defeitos, descurando-vos de outros maiores. O que desejamos é que procedais a um cuidadoso planejamento de vossa reforma interior, sem arroubos entusiastas e geralmente infrutíferos, mas sim de forma a terdes um programa de ação realmente viável, seguro, equilibrado e criterioso, inspirado no Evangelho do Mestre, apoiado por vossos mentores espirituais e, finalmente, capaz de vos conduzir rapidamente aos planos da Vida Maior que todos desejamos atingir.

129
CARIDADE E SALVAÇÃO

"Fora da caridade não há salvação." (*O Evangelho segundo o Espiritismo*, cap. 15)

Caridade não é apenas a esmola material, salvação não é alcançar um céu de beatitude maçante e inútil.

Caridade é benignidade e tolerância, paciência e humildade, renúncia e desprendimento, fé em Deus e submissão às suas leis.

Salvação é libertação espiritual, independente de onde estejamos, encarnados ou não. É estado interior.

Jesus, perdido aos olhos do vulgo pela condenação infamante ao suplício da cruz, humilhado e escarnecido pelos homens, tinha em seu coração vibrante de amor e perdão o hino da salvação humana.

O reino dos céus não vem por aparências exteriores, afirmou Jesus. É no íntimo da criatura que ele se elabora, lento e lento. E é desse íntimo santificado pelo Evangelho que ele se irradia infinito afora, resplendente e inextinguível.

130
PAI NOSSO

"Pai nosso, que estás nos céus." (Mateus 6:9)

Deus está em toda parte, amoroso e sábio, sublime em pureza e excelsitude. No entanto, dizemos que habita os céus. E isso porque está Ele distante de ser o Deus zeloso e vingativo, que se ofende e castiga suas criaturas.

Ele é Absoluto, Inefável e Sereno. A todos ama, protege e orienta igualmente. Para Ele, que tudo vê e sabe, e ciente está do triunfo do Bem que não tarda, tudo é perfeito. Nada o agita, pois o Mal é transitório e logo passará.

A destinação do Universo é uma apoteose de luz e glória, e Deus é glória e luz.

Assim, o Pai está nos céus, imperturbável ante os quadros infernais que criamos, pois o que prevalecerá é o infinito bem de que Ele é a raiz e a essência.

131
MORADAS CELESTES

"Na casa de meu Pai há muitas moradas." (João 14:2)

Uma casa reflete invariavelmente o caráter, os gostos, a disposição de seus moradores. Será, como eles, limpa, agradável e organizada, ou refletirá suas qualidades negativas. Pobre ou rica, ostentará sempre o selo da hierarquia espiritual de seus ocupantes.

As moradas da casa do Pai são todas felizes, até o momento em que seus ocupantes para elas trazem a infelicidade que permitiram se aninhasse em seu íntimo; organizam-se segundo as leis de um perfeito equilíbrio, desde que seus moradores não escolham resvalar pelos despenhadeiros da desarmonia; são invariavelmente belas, e somente a fealdade espiritual de seus habitantes as pode desfigurar; são células pacíficas do grande organismo universal, se as não tornamos em campo de mesquinhas batalhas; são reflexos luminosos da divina luz, se as não povoamos com nossas sombras interiores; são escolas de aperfeiçoamento espiritual, se as não elegemos para teatro de nossos desvarios materialistas; são cenários de sublimes realizações evangélicas, se as não revolucionamos com nossos desmandos.

A casa do Pai tem muitas moradas, e a que ocupamos presentemente, na crosta e nas esferas espirituais inferiores, é casa rebelde.

Trabalhemos para que a Terra seja a morada celeste de Espíritos libertos, e ainda maiores sofrimentos não lhe advenham.

132
EDIFICAÇÕES ESPIRITUAIS – III

Amigos. Não olvidemos que nas edificações espirituais o grande arquiteto é Jesus.

Contribuímos modestamente trazendo nossa pedra ao edifício, porém quem coordena a obra é Ele.

E quanta vez não teremos demolido parte das construções espirituais no mundo. Por que nos ufanarmos de nossa presente contribuição?

Trabalhemos humildes e confiantes, certos de que a boa vontade sob a égide do Mestre ergue valiosos edifícios, mas não esqueçamos que ao planejador e sustentador da grande obra de espiritualização da humanidade cabe a glória maior.

133
MOMENTOS DE INFORTÚNIO

Muitos estiveram com Jesus na hora de partir o pão, mas todos se ausentaram no momento de ser vertido o cálice de amargura no calvário.

É menos difícil ser agradecido no instante da prosperidade do que ser conformado nos momentos de infortúnio. E com isso, se Jesus não se afasta de nós, nós nos afastamos d'Ele. E maior é a nossa dor, pois murmurações aumentam o peso da cruz, a impaciência alonga o sofrimento, a inconformação multiplica as dificuldades, a revolta faz do espinho um espinheiro, da gota de fel um oceano de amargura, do grão de areia uma cordilheira.

Nada e ninguém nos faz tanto mal quanto nós mesmos. Porém o Senhor nos concederá todas as riquezas e bens de seu Reino Eterno quando nos esvaziarmos de todo o engano e malícia para que Ele em nós deposite suas bênçãos redentoras e santificantes.

134
NOVA ERA PARA O ESPIRITISMO

Veremos proximamente iniciar-se uma nova era para o Espiritismo: será ele aceito quase oficialmente e, poder-se-á proceder a intervenções materiais devidamente fiscalizadas.

Haverá dificuldades e decepções, mas grandes serão as oportunidades de realização nesse setor.

É, de há muito, vontade do Cristo Planetário que assim seja, para mais amplo despertamento de todos. E assim há de ser, brevemente. Para isso trabalhamos, para isso temos preparado inúmeros instrumentos mediúnicos. É como se estivéssemos afinando instrumentos para a execução da grande sinfonia do trabalho livre e desassombrado em benefício da humanidade sofredora.

Deus vos permita preparar-vos convenientemente para bem executardes uma parte nessa tarefa de enorme importância e imensa significação no campo doutrinário prático.

135
SIM, SIM; NÃO, NÃO

"Seja o vosso falar sim, sim, não, não." (Mateus 5:37)

Jesus recomendou a simplicidade no falar, mas não disse que não deveríamos meditar profundamente.

O pensamento, norteado pela caridade, não se deve deter nas simples aparências, mas buscar a essência de tudo, a sabedoria maior.

Singeleza no falar, para não melindrar o ignorante; caridade nas palavras para a ninguém ferir; expressões contidas para não confundir.

O pensamento, entretanto, qual pássaro se deve libertar das grades do convencionalismo humano e da indolência para atingir os páramos do entendimento superior, no que será, cedo ou tarde, secundado pelo sentimento nobilitado.

136
MISERICÓRDIA – I

"Se soubésseis o que significa: misericórdia quero, e não sacrifício — não condenaríeis os inocentes." (Mateus 12:7)

Haviam os discípulos sido reprovados pelos fariseus por se haverem desviado das severas leis de guarda ao sábado, e Jesus ressaltou uma vez mais a excelsitude do amor.

Com efeito, se amamos e a nenhum mal damos lugar; se amamos fraternalmente, o mesmo amor destrói nossas imperfeições; se houver um amor altruísta em nossos corações em nós cessará o mal, por falta de tempo em que o pratiquemos; e ainda o mais nobre amor nos faculta o desenvolvimento intelectual, pela busca de novas e melhores formas de ajudar e esclarecer os que sofrem.

Pelo amor nos unimos a Deus, e Sua santificante influência por nosso intermédio se faz sentir na Terra, mais poderosa.

Tende em vós o sentimento de misericordiosa compaixão de que falou Jesus, e terão fim muitos de vossos conflitos e angústias íntimas, pois com o amor evangélico só podem coexistir o bem e o equilíbrio.

137
A VIDA EM PLENITUDE

"Tu tens as palavras da vida eterna." (João 6:68)

Eterna e infinita é a vida, porém a encerramos em estreitos limites; pujante e contendo magnífico potencial de faculdades e poderes, entretanto receamos vivê-la em plenitude.

O Evangelho descerra esse véu que nós mesmos adensamos; enriquece a vida que empobrecemos; aclara as trevas a que demos lugar; elimina viciações morais e intelectuais; destrói o mal, a dor e o desespero; afugenta os vãos temores que nos encarceram, fazendo com que se reflitam em nós o bem e a serenidade do Infinito.

Não só lede as palavras de Vida Eterna: sobretudo vivei-as para que a própria vida seja para vós a maior das bênçãos.

138
TRABALHADORES DO BEM

"Vigiai e orai, para que não entreis em tentação." (Mateus 26:41)

Não apenas a cair em tentação está sujeito quem deixa de cumprir esse preceito de Jesus, mas ainda a ver-se prejudicado de várias maneiras, espiritual e fisicamente, pelas entidades das trevas que a nada respeitam e buscam violar as mais sagradas barreiras para destruir e aviltar a ação dos trabalhadores do bem.

Não só no apoio do Mestre devem confiar seus seguidores, mas também em suas próprias forças morais e espirituais, para que estas, sendo utilizadas, se desenvolvam pelo exercício e venham um dia a bastar aos seus possuidores para preservação de sua integridade física e psíquica.

Que o sublime poder de Jesus vos preserve e ilumine, tornando-vos capazes de prosseguir, utilizando cada vez mais vossos recursos interiores, na jornada espiritual milenária e santificante em busca de Deus em vosso próprio íntimo.

139
A VONTADE DO PAI

"Não se vendem dois passarinhos por um ceitil? E nenhum deles cairá em terra sem a vontade de vosso Pai." (Mateus 10:29)

Difícil é, muitas vezes, perceber, na intrincada e sombria trama terrena, o divino poder que a tudo preside. Manifesta-se, no entanto, em tudo e em todos esse poder, e os mensageiros do bem maior atuam em quaisquer circunstâncias, criando condições favoráveis ao entendimento e vivência superiores, e utilizando-se até mesmo do mal reinante em determinados setores, pois, como bem o reconhece a sabedoria popular, Deus escreve certo em linhas tortas.

Todo o mal é transitória perturbação no universo destinado à harmonia, todo desafeto é passageiro desequilíbrio em corações criados para o amor, e toda a injustiça termina por ser reconhecida e reparada por seus mesmos autores.

Finda a ação do livre-arbítrio mal orientado e ébrio de poder, no momento em que ameaça projetos de maior importância das esferas superiores. Nesse momento, soa um definitivo “basta”. E inicia-se uma renovação ou consolidação dos fundamentos do reino de paz e sabedoria a ser estabelecido na Terra.

O Senhor vos encontre em todo o tempo procurando retificar, com entendimento e fraternidade, o traçado tão imperfeito das linhas do cenário terrestre, para que não vos seja dito “basta”, mas sim: “prossegui com a minha bênção e proteção”.

140
AS ROSAS DE MARIA

Trazemos para vós as rosas do amor de Maria: cintilantes, de um róseo que sabeis ser a tonalidade da vibração amorosa; imaculadamente brancas, representando a pureza; de um dourado fulgurante, cor que adorna a aura dos intelectualmente desenvolvidos.

As rosas de Maria são muito mais do que símbolo pertencente a outras religiões: são generosas dádivas de seu amantíssimo coração.

Recebei-as com ternura e humildade, e ainda cultivai-as em vossos corações, permitindo a todos aspirarem seu suave perfume, colherem-nas e distribuí-las, tornando a Terra em um grande jardim de Maria.

141
RESSURREIÇÃO DO SENHOR

A atmosfera terrestre invariavelmente se reveste de suave luminosidade ao se aproximarem as grandes festas do calendário cristão, luminosidade que, embora incapaz de vencer toda a treva na qual ainda envolvemos o globo, dá a tudo e todos brilho singular. E isto porque os corações se alteiam ao Senhor em preces de gratidão e júbilo, preces que lhes são devolvidas em forma de bênçãos de reconforto e estímulo santificante.

Aproxima-se o dia em que se convencionou chamar de Ressurreição do Senhor, como se a morte o tivesse realmente podido vencer. E, obstante os erros de interpretação em que incorreram alguns estudiosos das Escrituras, não deixa o celebrar-se tal data de produzir benéficios resultados: alegram-se os corações, emitem-se vibrações de carinho fraternal, trocam-se presentes de elevada significação e sobretudo ligam-se os corações a Jesus por laços mais fortes.

Permita a divina bondade que tais laços sejam não só estreitos, mas também eternos entre o Mestre e a humanidade toda.

142
O PODER DA FÉ

"Em verdade vos digo que, se tiverdes fé e não duvidardes, se a este monte disserdes: ergue-te e precipita-te no mar, assim será feito." (Mateus 21:21)

Não poderíamos praticar ato algum, por mais insignificante, se nos faltasse confiança em nossa capacidade de o realizar. Ser-nos-ia impossível até mesmo respirar se puséssemos em dúvida nossas faculdades respiratórias.

O Mestre, ao referir-se ao poder da fé, convidava-nos a desenvolvê-la para que caminhássemos em direção a maiores e mais amplas realizações, tão surpreendentes como seria o transportar-se um monte para o meio do oceano, onde se dissolvesse e elevasse o nível da massa líquida.

E, na verdade, no campo das realizações espirituais constantemente removem-se montanhas de obstáculos, dissolvem-se sentimentos inferiores em oceanos de amor, e eleva-se o número dos que, pondo de lado dúvidas e indecisões, são conquistados pelo infinito Bem.

Diante das dificuldades de nosso próprio burilamento, ou das apresentadas pelo trabalho na Seara do Mestre, reflitamos com simplicidade nas palavras de Jesus: Aos homens isso é impossível, mas a Deus tudo é possível. E, se confiarmos Naquele que é a luz do mundo, e, de nossa parte, fizermos todo o possível, nossos bons propósitos se concretizarão no devido tempo.

143
FIDELIDADE

"Fiel é Deus." (I Coríntios 1:9)

Como disse Paulo, absoluta é a fidelidade de Deus, pois é Ele a perfeita serenidade e infinito amor que sustentam o universo, ainda que, desavisadas e ignorantes, Suas criaturas tudo façam para transtornar a suprema harmonia da Criação.

Verificamos que entre nós a fidelidade é virtude bem difícil de ser encontrada. No entanto, se fôssemos fiéis aos sagrados compromissos assumidos para com o Criador, o mundo bem depressa se tornaria um autêntico santuário, onde habitaria soberano o Cristo planetário. Mas, indiferentes aos dons do Espírito, a maioria olvida com a maior facilidade as promessas feitas ardentemente antes da obtenção da oportunidade de reencarne, e até mesmo os bons propósitos de urgente reforma íntima firmados às pressas nas oportunidades de perigo e aflição se desfazem ao sopro da primeira tentação que surja.

Busquemos, pelo cultivo da sinceridade íntima, alcançar o entendimento da suprema fidelidade de Deus, pois esse entendimento, ainda que muito relativo, nos conduzirá mais rapidamente à libertação do mal e da dor.

144
SINTONIA VIBRATÓRIA

"E, quando entrardes nalguma casa, saudai-a; e, se a casa for digna, desça sobre ela a vossa paz; mas, se não for digna, torne para vós a vossa paz." (Mateus 10:12-13)

Nestas palavras encerrou o Mestre a lei de necessária sintonia e receptividade por parte daqueles a quem desejamos beneficiar com nossas vibrações amigas: se não encontrarem nossos votos de paz e equilíbrio espiritual acolhimento em seus corações, tais votos para nós retornarão como simples mercadoria cuja recepção é recusada por parte do destinatário.

E, para felicidade nossa, também funciona essa lei com relação às vibrações menos elevadas que nos sejam eventualmente endereçadas: se estivermos em sintonia com as forças do bem, as irradiações hostis de nossos companheiros não nos poderão alcançar, e aqueles que nô-las tenham enviado sofrerão o chamado "choque de retorno", automaticamente colhendo o amargo fruto de sua desavisada sementeira.

Procuremos sintonizar com as ondas de amor e luz que provem do generoso coração do Mestre, delas distribuindo, por nossa vez, a todos os nossos irmãos, ainda mesmo os que estagiem na incompreensão porque, seguramente nenhum deles será absolutamente impermeável a uma vibração de sincera fraternidade.

145
LUZ INTERIOR

"Convém que eu faça as obras daquele que me enviou enquanto é dia; a noite vem, quando ninguém pode trabalhar" (João 9:4)

O Mestre, com seu imenso poder e sabedoria, de forma alguma estaria sujeito a limitações impostas por trevas de qualquer natureza, fossem as sombras da noite terrestre, fosse a escuridão das regiões de sofrimento do plano espiritual.

Quis Ele com essas palavras ensinar-nos a valorizar a luz espiritual com que somos agora bafejados, pois talvez venhamos a sofrer privação das facilidades de aprender e praticar o Evangelho com que vimos sendo felicitados. E nessa hipótese, dado o nosso ainda precário grau evolutivo, possivelmente evangélico, pouco ou nada mais conseguiremos no setor evangélico.

Mas se formos úteis à causa de Jesus enquanto o dia, para nós, permanece iluminado pelo radioso sol evangélico, ainda que desça a mais sombria das noites sobre a Terra, nossas bem desenvolvidas faculdades de servir e amparar nos permitirão prosseguir amparando e servindo.

Estudemos e sirvamos o melhor possível agora para que, se um dia nos encontrarmos em meio às trevas, não nos falte óleo para nossas lâmpadas, ou seja, luz interior.

146
SIGAMOS COM JESUS

"Então Jesus, movido de íntima compaixão, tocou-lhes nos olhos, e logo viram; e eles o seguiram" (Mateus 20:34)

Lemos no capítulo 20 do Evangelho segundo Mateus, vers. 30 a 34, que dois cegos clamaram pelo auxílio do Mestre, suplicando que os socorressem e os libertassem das trevas, indiferentes ao clamor da multidão que lhes mandava calar a voz de seu desespero. E, carinhosamente atendidos por Jesus, recobrada a visão e extinta a causa de sua angústia, não hesitaram em seguir seu benfeitor pelo caminho.

Muitos somos os que sofríamos, em escuridão e angústia, à margem do caminho redentor, pressentindo a passagem do Mestre junto de nós, mas incapazes de acompanhá-lo por falta de luz interior; mas Deus, em sua misericórdia, permitiu que nos fossem abertos os olhos e aclarado o entendimento pelas mãos do Celeste Amigo. Pudemos então pressentir a figura do Mestre, ainda distante de nosso pleno entendimento, mas bastante nítida para que nos tocasse o coração.

Mas teremos tido disposição suficiente para nos erguermos e, deixando nosso canto de cegueira, ilusão e inatividade ao lado da estrada redentora, acompanharmos as pegadas do Mestre?

Lembremo-nos de que reduzido é o valor do esclarecimento evangélico que se detém no setor das aquisições intelectuais, sem ascender ao campo das realizações fraternas.

Felicitados que fomos pelo toque amigo das mãos de Jesus a nos conceder luz e entendimento, levantemo-nos de nossa cômoda posição à margem do caminho por onde passam os grandes realizadores da Seara Evangélica, e procuremos acompanhá-los levando nossa humilde contribuição de boa vontade.

147
DEIXO-VOS A PAZ

"Deixo-vos a paz, a minha paz vos dou; não vô-la dou como o mundo a dá." (João 14:27)

Poucos terão conhecido tão grande agitação ambiente como o Mestre Jesus: viveu Ele na Terra à época em que

Jerusalém sofria a dura dominação romana, presenciando a severidade do conquistador e a surda revolta do seu povo. E Ele mesmo, mensageiro de paz e harmonia, dificilmente conseguia escapar à agitada multidão que o acompanhava, sedenta de reconforto, reclamando a ação de suas poderosas mãos curadoras, exigindo atendimento imediato às suas requisições de caráter material e espiritual.

No entanto, possuía o Mestre em seu próprio íntimo um tesouro de serenidade alimentado pela prece e meditação; e com tão vastos recursos de harmonia interior contava Ele que podia afirmar a toda a humanidade: "Deixo-vos a paz". E as multidões aflitas e conturbadas que o assediavam afastavam-se sob a impressão de estranho e desconhecido reconforto, tomadas de espanto ante a incompreensível e quase sobrenatural serenidade de Jesus.

O Mestre é exemplo do qual bem pouco nos podemos aproximar em nosso grande anseio de Lhe seguir as pegadas. Procuremos, entretanto, conservar em nossos corações algo da serenidade que experimentamos em momentos de prece e ligação mais íntima com as forças que atuam no campo do bem; e, sendo nós focos radiantes de ondas e vibrações cujo alcance e poder longe estamos de avaliar em toda a sua extensão, cooperaremos ativamente, ainda que em humilde escala, no serviço de pacificação da humanidade de que o Cristo dirige dos planos do amor e da luz.

148
PACIFICAÇÃO ÍNTIMA

"Tomai sobre vós o meu jugo, e aprendei de mim, que sou manso e humilde de coração; e encontrareis descanso para as vossas almas" (Mateus 11:29)

Se averiguarmos a razão última de nossos atos, descobriremos que a busca da paz permanece ao fundo de muitos impulsos: se procuramos satisfazer às sensações de fome ou sede, é no intuito de pacificá-las; se nos entregamos ao estudo, fazemo-lo na intenção de aquietar nossa vontade de aprender; se nos dedicamos desinteressadamente à prática do bem, é no propósito de acalmar a alheia angústia; e se nos voltamos para o Divino Amigo, é para escapar à inquietação da treva e da dor.

Ao fundo de inumeráveis atos e impulsos encontramos o desejo de pacificação íntima. Mas, se aquele que se lança à busca de satisfações inferiores usualmente defronta-se com renovado desassossego gerado pela viciação, quem se volta para o Mestre Jesus encontra o verdadeiro "descanso para a sua alma", pois se aproxima de Deus, a absoluta serenidade.

A inquietação que atormenta aquele que busca a verdade, em seus primeiros passos, desaparece apenas compreenda que realidade maior está no íntimo de cada um de nós, não constituindo o seu encontro privilégio de quem quer que seja, sendo antes facultado a qualquer que se faça simples como os pequeninos no dizer do Mestre.

O Senhor aguarda apenas que lhe apresentemos corações humildes e receptivos para neles derramar bênçãos de tranquilidade e entendimento, facultando-nos ascender até Ele, em cumprimento a gloriosa destinação. O Divino Mestre nos ampare em nosso esforço para merecer tão grandes dádivas.

149
ANTECIPAÇÕES

"E chegando eles a Cafarnaum, aproximaram-se de Pedro os que cobravam as didracmas, e disseram: O vosso Mestre não paga as didracmas? Disse ele: Sim. E, entrando em casa, Jesus se lhe antecipou, dizendo: Que te parece, Simão? " (Mateus 17:24:25)

Antes mesmo que Pedro expusesse a Jesus a interpelação que lhe fora feita pelos cobradores de impostos, antecipou-se-lhe o Mestre dando não só resposta à questão que lhe havia sido proposta, como ainda indicando onde poderia ser encontrada a moeda necessária ao pagamento do tributo.

Constantemente antecipa-se o Mestre Jesus à exposição que lhe pretendamos fazer de nossos problemas e angústias, enviando-nos ainda, vezes sem conta, a solução para dificuldades de cuja existência nem sequer suspeitamos. E legando-nos seu Evangelho redentor que fez senão antecipar-se a responder a infinito número de perguntas que, sabia Ele, ser-lhe-iam feitas através dos séculos?

Usualmente encontramos, em nosso próprio íntimo, facilidades e meios de auxiliar e orientar o próximo que nem sonhávamos possuir; quantas vezes nos serve de recurso extremamente útil a frase singela ouvida algures, a palestra quase esquecida que nos volta à mente no momento precioso, o caso observado há tempo que servirá de exemplo animador a alguém em aflição?

O Mestre vela infatigavelmente por todos os seus tutelados, e antes mesmo que nos apresentem os cobradores de impostos de várias espécies com que nos defrontamos, suas requisições e exigências, muitas vezes já nos concedeu Ele os recursos de que carecemos para satisfazê-los. Confiemos no trabalho de enriquecimento espiritual nosso a que ininterruptamente procede seu generoso coração.

150
OUVINTES ATENTOS

"Aquele, porém, que persevera, não sendo ouvinte esquecido, mas fazedor da obra, esse tal será bem-aventurado no seu feito." (Tiago 1:25)

Recordamos invariavelmente a palavra evangélica nas horas em que necessitamos de reconforto moral; nesses momentos não deixam de acorrer à nossa mente as promessas de suaves consolações espirituais deixadas pelo Mestre. Lembremo-nos bem vivamente da distinção entre o bem e o mal ao observarmos os atos de nosso próximo. E com ainda maior segurança floresce em nós o entendimento evangélico nas horas em que nos dispomos a orientar os demais companheiros quanto às suas obrigações de auto-reforma, ou com relação aos seus deveres no campo mediúnico ou assistencial.

Bem mais difícil nos é ter o Evangelho presente em nossos atos de toda hora, em nossos pensamentos habituais, e especialmente nos momentos de tentação. Seremos nós os ouvintes esquecidos a que se refere Tiago? Ou poderemos contar-nos entre os verdadeiros seguidores do Evangelho de Jesus?

Na verdade, se formos ouvintes esquecidos melhor será que não sejamos notórios assistentes a preleções espíritas e conferências evangélicas, pois estaremos assim no entendimento de nossos companheiros menos esclarecidos, voltando contra a Doutrina as palavras do Codificador: "A melhor religião é a que menos hipócritas produz".

Mas não nos leve tal conceito a deixar de ouvir as palavras de esclarecimento enviadas pelo Mestre através de seus mensageiros, mas isto sim, a nos tornarmos ouvintes sempre atentos, e, especialmente, zelosos de recordar a palavra de Jesus nos momentos de testemunho mais difícil e, portanto, mais valiosos não apenas para nossa própria redenção, mas como prova perante todos de que a doutrina consoladora produz não apenas afeiçoados às práticas espíritas; forma principalmente verdadeiros cristãos.

151
CAMINHO REDENTOR

"Eu sou o Caminho, a Verdade e a Vida." (João 14:6)

Assim se nos apresentou o Mestre Jesus como o símbolo do caminho que nos conduzirá à libertação, da verdade que nos cabe encontrar dentro de nós mesmos, e da vida eterna e sublimada do espírito.

Referiu-se também o Mestre, no Sermão da Montanha à acanhada passagem e estreito caminho que conduzem à vida maior. E, ao terem conhecimento dessas características do caminho da auto-espiritualização, muitos perguntam porque teria sido feita tão larga a estrada que conduz ao mal e à dor, e tão estreita a que nos leva a própria redenção.

No entanto, o Senhor criou um só caminho, e esse a Ele conduz. Mas, muitos de nós preferimos palmilhá-lo em sentido contrário ao determinado pela sabedoria divina, adquirindo, por esse desvio, volumosa bagagem de imperfeições e deficiências espirituais.

Desejando então, cedo ou tarde, voltar a percorrer o caminho da vida em sentido correto, ou seja, em direção ao Pai, descobrimos que não é fácil abandonar a carga inferior que nos oprime. E essa carga indesejável, dificultando-nos a marcha ascensional para Deus, nos faz considerar o caminho redentor estreito, áspero e dificultoso.

Em jornada comum pela Terra, aquele que caminha com menor bagagem é quem conta com maior desembaraço e liberdade de movimentos, podendo atravessar grandes obstáculos com maior facilidade que um companheiro sobrecarregado de volumes diversos. Assim, quando se apresentava ao Mestre um candidato a acompanhá-lo em sua missão, costumava Ele recordar que não possuía de seu uma pedra onde repousar a cabeça, e que seus companheiros não deveriam ter mais do que uma túnica e um par de sandálias pois qualquer outro objeto lhes embaraçaria a livre movimentação, e também constituiria um elo a prendê-los à Terra, através da posse desnecessária.

Para seguir ao Mestre Jesus, Caminho, Verdade e Vida de nossas almas, necessário nos é trocar as aquisições inferiores do passado pelos dons espirituais que nos oferece o Criador, pois esses dons suavizarão nossa estrada evolutiva, fazendo com que esta já não nos pareça tão estreita e dificultosa.

152
JUÍZES IMPROVISADOS

"Não julgueis." (Mateus 7:1)

Muitos são os que, conhecendo embora a advertência do Mestre sobre a impropriedade de nos arvorarmos em juízes de nossos semelhantes, criticam severamente tudo o que lhes pareça reprovável no comportamento do próximo.

Alguns desses juízes improvisados justificam-se com as palavras: Aponto o erro para que sirva de ensinamento. E prosseguem, inflexivelmente, na desapiedada censura e revelação da menor falta de seus companheiros.

Admitimos que haja utilidade em apontar-se o mal com a finalidade de esclarecer pessoas necessitadas de orientação mais objetiva, por inexperientes. Entretanto, não será muito mais eficiente e louvável destacar o bem, colocar em evidência o lado bom de tudo e de todos?

Quem se lembraria de ensinar a uma criança atitudes grosseiras e palavras inconvenientes para que saiba ela o que evitar em seu modo de proceder? Qual o mestre que se deteria longa e minuciosamente em inadequados processos de aproximação de qualquer ramo do conhecimento, tocando apenas ligeiramente nos sistemas corretos e produtivos?

Cumpre ensinar que existe o mal e o erro, para tornar os indivíduos aptos a reconhecê-los e evitá-los. Mas o essencial, como afirmou Jesus, é acender a candeia e colocá-la sobre o velador para afastar trevas e erros, e não adensar erros e trevas para que sirvam de modelo do que não é recomendável.

153
CASA DO CAMINHO

"Bem vês que a fé cooperou com as suas obras, e que pelas obras a fé foi aperfeiçoada." (Tiago 2:22)

Contemplando o edifício espiritual da FEESP, seus trabalhos assistenciais e a maneira pela qual nela se presta orientação a encarnados e desencarnados, vem-nos à mente esse versículo de Tiago.

Realmente, uma fé ativa e inabalável ergueu esta nobre Casa, em extremo útil à tarefa de divulgação e aplicação evangélica; e, por esta obra, foi a mesma fé aperfeiçoada, esclarecida e enormemente difundida.

É com imensa alegria que vemos, de mãos dadas, razão e sentimento, energia e amor, espiritualidade e bom senso, idealismo e objetividade na direção dos trabalhos desta Casa, salvo pequenas exceções que, bem sabemos, procurais retificar.

O primitivo núcleo de atividade cristã, logo após o regresso do Mestre à pátria espiritual, era conhecido como a "Casa do Caminho".

E, ainda hoje, poderíamos aplicar tão sugestivo nome ao vosso bendito templo de atividades espírito-evangélicas. Constitui esta Casa um pouso amigo, sempre aberto a quem venha cansado de sua jornada pela Terra, ou desorientado pelas surpresas do plano espiritual. E não é apenas a "Casa do Caminho", a que se acolhem os aflitos e os cansados da caminhada evolutiva: é ainda uma grande casa a caminho de maiores e mais amplas realizações em benefício do próximo, avançando continuamente em direção a sublime ideal: tornar-se um templo unicamente do Espírito e para o Espírito, sem qualquer traço de imperfeição que a desabone ante os olhos do Divino Mestre.

Rogamos a Deus que sua misericórdia nos permita permanecer unidos sob este teto amigo e acolhedor, juntos trabalhando pelo aperfeiçoamento e crescente espiritualização desta Casa e de todos que a procuram.

As divinas bênçãos do Criador vos amparem e fortaleçam em todas as horas.

154
FILHOS DE DEUS

"Vede quão grande caridade nos tem concedido o Pai: que fôssemos chamados filhos de Deus. E ainda não é manifestado o que havemos de ser. Mas sabemos que, quando ele se manifestar, seremos semelhantes a Ele, porque assim como é o veremos." (I João 3:1-2)

Muitos jovens, percebendo em seus pais marcante personalidade que apela a seu instinto de imitação, tomam-os como exemplo a ser seguido a todo custo. Outras pessoas, não sabendo valorizar as manifestações da própria individualidade, e desconhecendo que seu mais belo característico seriam as virtudes evangélicas, elegem como modelo a que se afeiçoam individualidades cuja imitação pouco ou nada lhes favorece a espiritualidade.

Quando se lembrará o homem de se fazer semelhante a Jesus, dando ocasião à centelha divina que nele habita de crescer e florir em atos de puro amor? Quando perceberão as criaturas que tem valor infinitamente maior a mais pequenina vitória que alcancem sobre os impulsos inferiores que os dominem, assim aproximando-se do Divino Mestre, do que a mais trabalhosa e perfeita imitação que logrem atingir dos modelos, às vezes pouco recomendáveis, que se destaquem no cenário terrestre?

Procuremos humildemente afeiçoar-nos ao divino modelo, Jesus de Nazaré, mesmo que nos tenhamos condenado, por nossas imperfeições, a permanecer, ainda por longo tempo, como simples sombras de sua radiosa figura.

O Senhor nos afirmou que alcançaremos semelhança de divina espiritualidade em nosso próprio íntimo, e o Mestre nos exortou a sermos perfeitos como é perfeito nosso Pai. Confiemos na divina bondade que trabalha por nosso aperfeiçoamento, ainda mesmo quando nos ocupamos em obstar sua manifestação. Um dia, chegaremos à presença do Criador, dizendo, humildes e agradecidos: Tua promessa tardou a se cumprir, por falta minha; mas teve cumprimento, e em ti alcancei a paz.

155
DAR E RECEBER

"Mais bem-aventurada coisa é dar do que receber" (Atos 20:35)

Muito frequentemente ocorre que aquilo mesmo que fascina e atrai as criaturas seja o que mais as prejudica espiritual e até materialmente; e que aquilo que lhes parece contrário aos seus interesses seja autêntico tesouro espiritual, de inapreciável valor.

A prática da Caridade enquadra-se nessa categoria de altos valores, aparentemente desprezíveis: Recusam-se as pessoas a ceder aquilo que possuem, receosas de que lhes venha a faltar o de que abram mão; e, desconhecendo o imenso júbilo espiritual que experimentariam se dessem de si mesmas em benefício do próximo, preferem a triste solidão do egoísmo. Naturalmente, essa atitude egoísta gera egoísmo nas demais criaturas, pois o receio de prejuízos é sentimento bastante difundido na Terra; desta maneira, a prática da Caridade não se pode difundir como seria de se esperar após a sublime exemplificação do Mestre Jesus.

Reconhecemos que, atualmente, atos de generosidade e desprendimento reclamam imensa abnegação da parte de quem os pratique, pois encontram bem fraco eco em muitos corações ainda não tocados pelo Evangelho do Mestre; no entanto, se não for a exemplificação efetiva iniciada por Jesus continuada por seus seguidores, como se poderá evitar a extinção da chama do amor puro na Terra?

Meditemos em nossa grande responsabilidade como discípulos do Mestre, e recordemos que muito se tem trabalhado no setor da pregação e esclarecimento do próximo, mas poucos se têm lembrado de acender no próprio coração o facho da caridade e da renúncia, da generosidade não calculada, e da abnegação que não aguarda recompensa alguma, nem sequer de natureza espiritual.

Esforcemo-nos nesse sentido, sem aguardar que os demais nos acompanhem em nossos atos de desprendimento, garantindo a continuação de nossas possibilidades e a renovação de nossos recursos, pois o Criador sem dúvida proverá a todos os corações generosos que se privem do menos necessário, para que o companheiro tenha o essencial.

156
TRANSITORIEDADE

"Vede pois como ouvis; porque a qualquer que tiver lhe será dado, e a qualquer que não tiver, até o que parece ter lhe será tirado." (Lucas 8:18)

Algumas pessoas, às quais falta ainda um entendimento mais profundo, lamentam a aparente injustiça de prosperarem indivíduos menos retos em seu proceder, a felicidade de que parece desfrutar quem não alcançou sucesso em qualquer campo por um procedimento irreprovável, e a aura de interessada aprovação que rodeia os que atingiram elevação social colocando de lado os ensinamentos evangélicos.

Mas analisemos as palavras do Mestre: "...ao que não tiver, até o que **parece ter** lhe será tirado". Referia-se pois o Senhor, claramente, à transitoriedade das conquistas mundanas, instáveis e sem nenhuma garantia de permanência. A beleza física, o destaque social, a posição de mando e autoridade, quando não acompanhados das correspondentes conquistas de aprimoramento e elevação espiritual, nada podem oferecer de permanente aos seus detentores.

Qual a situação de quem abandona primoroso organismo físico, se não tiver sabido adornar seu Espírito com a beleza eterna da iluminação interior? Que restará a outro de sua riqueza material e elevada posição entre os homens se, ao retornar à pátria espiritual, encontrar-se mendigo de proteção e esclarecimento? De que valerá a alguém a aprovação de toda a gente, se vier, entre os Espíritos, a sentir-se humilhado ante a própria consciência?

Eis o sentido das palavras do Mestre: Quem não tenha alcançado os imperecíveis dons do Espírito, verá suas pobres conquistas materiais transformarem-se em pó e farrapos, dor e desilusão, ao chegar ante a Realidade Maior.

Seja, portanto, nosso mais caro tesouro, junto ao qual permaneça, vigilante, nosso coração, todo de natureza espiritual, para que nos possa ele acompanhar quando nos apresentarmos ente o Senhor da Vida, possibilitando-nos fazê-lo sem receio e sem constrangimento.

157
VALOR DE NOSSAS OBRAS

"A obra de cada um se manifestará: na verdade, o dia a declarará, porque pelo fogo será descoberta; e o fogo provará qual seja a obra de cada um. Se a obra que alguém edificou nessa parte permanecer, esse receberá galardão. Se a obra de alguém se queimar, sofrerá detrimento; mas o tal será salvo, todavia, como pelo fogo." (I Coríntios 3:13-15)

Há sempre, junto de nós, uma infinidade de pessoas prontas a julgarem nossos atos, constituindo isso uma prova de fogo porque passa tudo que façamos. E a Humanidade não esquece nem perdoa o mal praticado por aqueles que tenham deixado atrás de si um rastro de dor e coletiva desolação. E sabe, também, cultuar zelosamente a memória de quem se destaque na prática do bem, introduza inovações úteis ao progresso geral, ou inaugure um período de maior esclarecimento e prosperidade em qualquer setor.

Mas, além desse julgamento da posteridade, existe outra prova, severa e de suma importância, pela qual passam nossos mais secretos atos e pensamentos: é a análise à qual são submetidos por nossa própria consciência, quando esta, por efeito da desencarnação, se amplia e adquire acuidade muito grande.

E observemos que acrescentou Paulo, com referência a quem não tenha sido aprovado no teste de aferição do valor de suas obras: "...será salvo, todavia, como pelo fogo". Referia-se claramente, portanto, à violenta purificação, através da dor e do sofrimento, a que serão submetidos os que não tenham procurado a própria iluminação interior espontaneamente, pelo bom uso de seu livre-arbítrio e das inúmeras possibilidades a todos concedidas pelo Criador.

Tenhamos sempre em mente, portanto, a fraterna advertência do apóstolo Paulo com relação às provas pelas quais passaremos nós e nossos atos, não para que nos angustiemos, esquecidos da infinita misericórdia de Deus, mas para que não descuidemos da oração e vigilância, segundo a recomendação de Jesus.

158
TESTEMUNHAR O EVANGELHO

"Se vós permanecerdes na minha palavra, verdadeiramente sereis meus discípulos." (João 8:31)

Muito claramente afirmou o Mestre, nesta passagem, que não seriam seus seguidores conhecidos como tais simplesmente por terem ouvido suas palavras, ou mesmo tido a ventura de acompanhá-lo pessoalmente no cumprimento de sua difícil missão. Só poderiam aspirar ao título de verdadeiros discípulos aqueles que permanecessem em Sua palavra, ou seja, pautassem suas vidas pelo ensinamento evangélico.

O quadro atual é bastante semelhante ao de então: Vemos missionários inúmeros, no panorama terrestre, a divulgarem, por todas as formas, a palavra evangélica do Mestre, observando também que esses missionários, geralmente, contam com elevado número de auxiliares diretos. E esses companheiros mais chegados julgam-se, às vezes, merecedores de grande galardão espiritual tão somente por sua posição junto a trabalhadores de maiores possibilidades no campo evangélico.

Alguns outros, apenas por elucidarem brilhantemente as lições do Divino Mestre, os escritos espiritualistas, as dificuldades do mediunismo prático ou as sutilezas das leis cármicas, consideram-se credenciados a títulos de grande elevação espiritual.

Mais além, encontramos quem se julgue grandemente avançado no caminho da própria redenção apenas por doutrinar habilmente desencarnados sofredores, ou, com suma diplomacia, atrair novos prosélitos ao seu núcleo de atividades religiosas.

Sem dúvida, qualquer desses valorosos servidores do Mestre estará colaborando ativamente em sua seara, e isso lhe trará o devido galardão de paz e satisfação interior. Mas o essencial, como bem acentuou Jesus, não é ser ouvinte da palavra evangélica, mas sim permanecer em seu verbo de luz e amor, dando, a todos os instantes, testemunho de que ouve e pratica, conhece e vive o Evangelho do Cordeiro de Deus.

159
ALÍVIO E AMPARO – I

"Vinde a mim, todos os que estais cansados e oprimidos, e eu vos aliviarei." (Mateus 11:28)

Podemos estar seguros de que todas as promessas do Mestre são integralmente cumpridas, nas devidas oportunidades. No entanto, nem sempre o são de conformidade com os nossos desejos, ou a interpretação pessoal que demos aos textos sagrados.

É o caso da promessa de alívio e reconforto contida no versículo em estudo. De que poderá o Mestre nos libertar, seguindo os ditames de seu misericordioso coração, mas sem derrogar a lei de justiça criada pelo Pai, senão de angústias e incompreensões, estéreis remorsos e paralisantes receios de encarar a realidade maior da vida?

Não pode Jesus, pois que não desejaria contrariar as divinas leis de justiça, libertar o sofredor da angústia que o purifica, mas pode aliviá-lo da impaciência e revolta que fazem recrescer a dor. Não procederia à doação de riquezas àquele que necessita atravessar situações de penúria material a fim de valorizar os recursos econômicos, mas certamente lhe concederá os elementos da necessária compreensão e entendimento de sua difícil posição se os souber procurar com paciência e humildade. Não concederá avançados recursos intelectuais a quem, momentaneamente desprovido de veículo adequado à sua manifestação, resgata passados abusos da inteligência, mas permitirá, no devido tempo, que se torne a manifestar essa inteligência em plenitude a quem sofra sua passageira obliteração com resignada paciência.

Verdadeiramente, o Mestre que advertiu: "Se teu olho ou tua mão te escandalizarem, corta-os e lança-os longe de ti", (Mateus 5:29-30) não procederia à recomposição do membro, ou devolução dos recursos causa de falência espiritual, levado por mal dirigida piedade, mas seu coração transbordante de amor e compaixão prodigaliza incontáveis recursos de paz e reconforto, resignação e entendimento a quem os peça com a devida humildade, assim dando cumprimento à sua promessa de alívio e amparo a quem esteja sobrecarregado e aflito.

160
O REINO DE CRISTO

"O meu Reino não é deste mundo." (João 18:36)

Por não ser ainda deste mundo o Reino de Jesus, não se encontra aqui a perfeição.

Muitas vezes intenso é o desejo de aprender e servir, orientar e curar que invade o coração do discípulo, e grande a sua angústia diante das dificuldades encontradas.

Nem poderia ser de outra forma, pois há que vencerem-se as imperfeições próprias e as alheias na perseguição a tais ideais, e sobrepor-se à tremenda inferioridade que oprime e domina a terra.

Assim, por enquanto, não brilha em plenitude, no cenário terrestre, a luz do Evangelho, nem se manifesta inteiramente o seu poder.

Mas a treva e a inferioridade serão aniquiladas no tempo determinado por Deus, e então o Reino do Cristo será estabelecido para sempre neste planeta.

Até lá, aperfeiçoem-se os trabalhadores do Bem de tal forma, que sejam achados dignos de colaborar nas portentosas realizações da Terra renovada do século que virá.

161
TESOURO DE DEUS

"Cento por um." (Lucas 8:8)

Infinito é o poder de Deus, e grande é o poder dos que para Ele evoluem.

A cada passo na jornada evolutiva descobrem-se cem novas maravilhas. A cada débito resgatado, multiplicam-se os recursos e possibilidades de trabalho. A cada desafeição transformada em amizade, renovam-se e estendem-se laços fraternais de longo alcance.

O Pai é infinitamente rico e generoso, e seus transbordantes tesouros estão abertos a todas as criaturas livres de superstições e de fanatismos, libertas da intolerância e da materialidade, vencedoras da iniquidade e do egoísmo.

E onde está o nosso tesouro, afirmou Jesus, estará o nosso coração. Que ventura não será, pois, ter tesouro e coração junto do Pai eterno e magnânimo!

162
ESCÂNDALOS

"É mister que venham escândalos, mas ai daquele homem por quem o escândalo vem!" (Mateus 18:7)

A época é de sofrimento e agonia. Sofre a humanidade toda, agoniza o mundo antigo. Esse velho mundo ruirá, sepultando o mal, dando lugar a uma nova geração, se não totalmente cristificada, ao menos em vias de cristificação.

Escândalos se sucederão a escândalos, a taça de amarguras transbordará e rios de lágrimas correrão. Imensa há de ser a dor, e tudo será subvertido.

Necessário é que a Terra seja purificada, e seus agentes purificadores estão a postos, já em ação.

O mal recrudescerá sobremodo, a tal ponto que se autodestruirá. Os perversos desencadearam forças terríveis, que se voltarão contra eles, punindo-os e retificando-lhes os impulsos.

Com Jesus repetimos: ai daqueles por quem o escândalo vem!

Ainda de Jesus recordamos as palavras consoladoras: bem-aventurados os pacificadores, os brandos e os humildes, pois junto estarão de Deus.

163
TODOS SE EVANGELIZARÃO

"Dos que me deste nenhum deles se perdeu." (João 18:9)

É comum angustiar-se a criatura por ver seus ideais de evangelização do próximo não correspondidos mesmo entre seus familiares e amigos.

Cuidemos, porém, de evangelizarmo-nos a nós mesmos, antes de nos preocuparmos com os corações alheios, convictos de que, feita a nossa reforma interior, far-se-á também, cedo ou tarde, a dos que conosco convivem, pois são o exemplo e a vivência evangélica que sensibilizam e podem transformar o próximo, mais, infinitamente mais, do que discursos e argumentos.

Se o Mestre, vendo a humanidade envolta em densas trevas há dois mil anos, não desesperou, por que não confiaremos nós, vendo tais trevas bastante reduzidas e já muita luz brilhando no cenário terrestre?

Prossigamos com a parte do trabalho que nos diz respeito, esclarecendo e elucidando. Evangelho quando necessário e oportuno, porém, sobretudo vivendo o Evangelho, o que é invariavelmente oportuno e necessário, e o Senhor fará todo o resto.

164
PESCADORES DE HOMENS

"Vinde após mim, e eu vos farei pescadores de homens." (Mateus 4:19)

Ir após Jesus é, essencialmente, buscar uma transformação interior. Ninguém o segue se não se transforma em criatura melhor.

Quem vai após Ele torna-se efetivamente um "pescador de homens", ou seja, passa a atrair as criaturas em razão mesma de seu esclarecimento e fraternidade, do conforto e esperança que transmite.

Essa é uma transformação que torna feliz quem a experimenta, e felicita também os que a rodeiam.

A criatura assim modificada torna-se uma luz brilhando nas trevas, uma sabedoria e um amor sublimado que atraem os sofredores e aflitos.

Procuremos atender ao convite do Mestre, certos de que, embora a princípio experimentemos solidão e amargura no mundo de César, amanhã esse mesmo mundo tomará novo rumo, pois é vontade de Deus que todos a Ele cheguem.

165
VITÓRIA DO BEM E DA LUZ

"Quando virdes, pois, a abominação da desolação ..." (Mateus 24:15)

Profecia de tempos difíceis, de moral tortuosa, de entendimento desvirtuado, de materialidade, nos seus últimos estertores, defendendo-se de todas as formas da espiritualidade cujo próximo triunfo pressente.

A vitória seguramente será do bem e da luz e as trevas, sentindo-se acossadas, mais não fazem do que lançar os rugidos de fera acuada e sem saída.

Mentalizemos constantemente o bem maior e demos nossa colaboração a Jesus que, seguramente, estabelecerá na Terra um reino de pureza e santidade.

Sejamos gratos a Ele por nos ter aceito como seus companheiros na grande batalha que se vem travando entre o bem e o mal, que parecerá perdida, mas teminará com a vitória do Cordeiro.

166
EVOLUÇÃO ESPIRITUAL

"Todo aquele que o Pai me dá virá a mim, e o que vem a mim de maneira nenhuma o lançarei fora." (João 6:37)

Há quem se considere indigno de aproximar-se do Mestre, esquecendo que são as nossas mesmas fraquezas e erros que o fazem interessar-se e lutar, compassivo, por nossa evolução espiritual.

Existe quem repila o Mestre, porém jamais Ele repeliu a quem quer que seja, e por isso a redenção será alcançada por todos, sem exceção.

Confiemos nele, que é sumamente bom e dotado de grande poder, pois é nessa confiança que encontraremos forças com que vencer a nós mesmos, não mais lançando fora as preciosas oportunidades de evolução espiritual que nos têm sido concedidas.

167
A LEI E OS PROFETAS

"Amarás o Senhor teu Deus ... e o teu próximo como a ti mesmo. Destes dois mandamentos depende toda a lei e os profetas." (Mateus 22:37-40)

Há quem estude toda uma existência e mais de uma existência, os textos sagrados das várias religiões, adquirindo vasto conhecimento. Isto é extremamente louvável, mas não é tudo. O próprio Mestre resumiu em poucas palavras toda a lei e os profetas.

Por muito que se estude, comente, compreenda e ensine a divina lei, isso nada será se não houver sentimento de reverência a Deus e de respeito ao próximo, pois a sabedoria enobrece o intelecto aumentando a responsabilidade do Espírito. Assim, somente conhecimento aliado à virtude redimem a criatura.

Tenhamos o amor santificado como lei suprema em nossas vidas, e a mesma vida nos facultará estudarmos e aprendermos, alcançando pelo binômio sabedoria e amor a sublime redenção espiritual.

168
ORAÇÃO E JEJUM

Agentes do mal. (Apocalipse 12)

Poucos seres têm, na Terra, personalidade estável, perfeitamente definida. A maior parte flutua entre o bem e o mal, oscila entre amor e desamor, espiritualidade e materialidade, pureza e vício.

Quanto mais instável não é a personalidade dos que nem sequer conservam uma aparência de equilíbrio com que se apresentem dignamente em sociedade!

Com relação a esses, todo exame reclama profundezas de atenção e carinho, uma sensibilidade extrema para produzir resultado satisfatório.

Por isso o Mestre disse, de certa casta de Espíritos: somente oração e jejum os podem expulsar.

Oremos muito e abstenhamo-nos de todo mal para que nossos olhos vão adquirindo luz e nosso coração o amor que se fazem necessários para libertar certa classe de Espíritos que estão na Terra “em grande ira, sabendo que lhes resta pouco tempo, como afirmou João”.

169
MÉDICOS E DOENTES

“Não necessitam de médico os sãos, mas sim os doentes.” (Mateus 9:12)

Um dos aspectos notáveis da evolução espiritual humana é que todos os doentes da alma, à medida que se vão curando, vão-se tornando médicos por sua vez.

Não há quem alcance certo desenvolvimento espiritual sem influenciar beneficamente seus semelhantes, exercendo, conscientemente ou não, o papel de auxiliar do Mestre.

E há nesse mister médicos de todas as especialidades: há os que, pelo equilíbrio exemplar, reajustam os desajustados; há os que, pela moralização de seus costumes, espiritualizam os viciados; há os que, pelos exemplos de fé, paciência, humildade e tolerância, vão transformando, ainda que lentamente, os que pecam pela falta dessas virtudes.

Toda boa semente frutifica e produz cento por um, quando lançada em bom terreno, afirmou o Mestre. E toda terra sendo obra divina, se ainda não é fértil, se-lo-á um dia, pois a vida, através do tempo, remove pedras e espinheiros e distribui sol e chuva, tornando produtivo o mais árido solo.

Entreguemo-nos confiantes ao Divino Médico das almas, e amanhã, por nossa vez, exerceremos o sagrado mister de recompor outras almas dilaceradas pela dor e pelo mal.

170
REVELAÇÕES EXTEMPORÂNEAS

"Se vos falei de coisas terrestres, e não crestes, como crereis, se vos falar das celestiais." (João 3:12)

Infinito é o poder divino, e infinitos são os aspectos e condições de vida no universo.

Lentamente vamos percebendo e compreendendo esses aspectos, pois não é intenção de Deus que fiquemos deslumbrados e atônitos por recebermos revelações extemporâneas, inadequadas ao nosso estágio evolutivo.

Surpreende-nos que outros não aceitem o que nos parece bem razoável, mas não se olvide que também nós apreendemos muito pequena parcela da sublimidade, elevação, sabedoria e complexidade da vida.

Sejamos gratos ao Mestre dos Mestres pela sabedoria com que vai esclarecendo a nós, que somos discípulos de parco entendimento por agora, quando vemos como que por espelho de enigma, pois Ele sabe que só daqui a longo tempo suportaremos contemplar face a face o portentoso e harmônico turbilhão da vida eterna e infinita.

171
ESPIRITUALIZAÇÃO

"... adorarão o Pai em espírito e verdade." (João 4:23)

Vai-se a humanidade aos poucos libertando dos laços que a prendem à matéria, da ignorância que lhe obscurece a visão de Deus.

Pressente já que a Divindade é puríssimo espírito e essência de bondade, e não poderá mais aceitar outra ideia menos espiritual, menos bondosa que lhe queiram impor do Ser Supremo.

Eis em que consiste o testemunho supremo dos espíritas: se conhecem a divina bondade, têm que possuir essa virtude em si mesmos, ou tal conhecimento nada será; se percebem a natureza toda espiritual do Criador, muito distante da mesquinha ideia antropomórfica, têm que se espiritualizar, ou tal percepção será vã.

Deve haver muita espiritualidade e fraternidade nos corações espíritas, para que os que deles se aproximem não se afastem desiludidos, voltando à descrença e à materialidade.

172
SERVIR A DOIS SENHORES – I

"Ninguém pode servir a dois senhores." (Mateus 6:24)

Cristo serve exclusivamente a Deus, através do serviço à humanidade terrestre. Muitos, dominados pelo egoísmo, ainda mesmo que aparentemente servindo a seus semelhantes, estão, na realidade, buscando seus interesses, pois o verdadeiro desprendimento é mais do que uma tentativa consciente de se adquirir méritos espirituais, o que, aliás, também, inegavelmente, tem seu valor.

Todo o bem praticado é devidamente inscrito na divina contabilidade, mas também as intenções são avaliadas.

O bem que seu autor proclama não liberta quem o pratica, pois este permanece escravo do cálculo, e a ideia da recompensa que o aguarda será, muita vez, todo o seu prêmio, pois não faz jus a outro.

É preciso que se pratique o bem pelo bem, que se ame a virtude e não se a considere um fardo escravizante, que se experimentem sentimentos evangélicos e não apenas se os preguem, pois só então brilhará a luz do Mestre em nós, uma vez que estaremos servindo a Deus e a nós mesmos.

173
SEDE PERFEITOS

"Sede perfeitos." (Mateus 5:48)

Se o Mestre nos concita à perfeição é por ser ela alcançável. Alegações em contrário não procedem, pois existe uma medida evolutiva que devemos alcançar, um padrão espiritual ao qual nos afeiçoarmos, um ideal que atingiremos.

São o apego à materialidade e a fraqueza da vontade que nos fornecem escusas com que justificamos nosso atraso espiritual.

O Mestre, se nos veio ensinar, é porque podemos aprender; se nos veio servir de modelo, é porque o podemos imitar; se nos afirmou ser Ele o caminho, a verdade e a vida, é por ser caminho que podemos palmilhar, verdade que podemos perceber, vida em função da qual podemos viver, enriquecendo nossa existência com as luzes e tesouros do Evangelho.

Chegaremos à estatura espiritual de Cristo, afirmou Paulo. E o próprio Jesus assegurou que faríamos ainda maiores obras que as d'Ele.

E assim será desde que o queiramos.

174
QUIETUDE

"Não se turbe o vosso coração." (João 14:1)

As palavras consoladoras do Mestre ecoam ainda na terra, vibrando na intimidade das almas sensíveis e despertando-as para um sentido de equilíbrio e espiritualização.

Mais fortemente hão de vibrar essas palavras na hora em que maiores são as provações, mais severos os testemunhos, mais dolorosas as perspectivas, pois o Mestre amoroso e sábio redobra de sabedoria e amor na providência fraterna junto a todos os habitantes da Terra.

Oremos com Ele no silêncio de nossos corações, pois é de prece e quietude que necessita o mundo mergulhado no tumulto e na indiferença espiritual.

175
TESOURO ESPIRITUAL

"O que tenho, isso te dou." (Atos 3:6)

Doar bens materiais pode empobrecer a quem os dá, sem enriquecer quem os recebe, mormente se a doação é fruto de paixão e desequilíbrio.

Abençoar espiritualmente sempre enriquece a quem recebe a bênção, e aumenta o cabedal de quem dá.

Por isso afirmou o Mestre que faríamos ainda maiores obras que as d'Ele, pois Ele ia para o Pai; por estarmos em pleno processo evolutivo; e pasmaríamos sobremodo se nos fosse dado perceber claramente o que viremos a ser um dia, na eternidade, numa incessante evolução; e ainda porque Ele, junto de Deus, nos envia luzes e energias espirituais.

Para perfeita recepção de tais energias e luzes é preciso que haja fraternal generosidade em nosso coração, pois tesouro espiritual oculto cobre-se de ferrugem, porém sobre o velador multiplica-se infinitamente.

176
O AMOR COBRE PECADOS

Uma onda de violência passará, porém outras se hão de seguir. Não haverá paz permanente na Terra até que tudo se cumpra; porém a Divina Bondade não permitirá que haja sofrimento sem trégua, aflição sem consolo.

Ele vela por nós a todas as horas, e o carma de cada habitante da Terra é cuidadosamente avaliado, levando-se em grande conta o mérito de cada um, pois "o amor cobre a multidão de pecados".

Sua paz esteja convosco, pois só ela permanece, e a confiança naquele que a ninguém desampara vos sustente nos momentos aflitivos que a Terra atravessa, momentos de dor maior, mas em que maiores méritos podem adquirir os trabalhadores da undécima hora.

177
PERDOAR INFINITAS VEZES

"Setenta vezes sete." (Mateus 18:22)

Infinito é o entendimento do Pai para com nossos desvios e erros e sua compreensão de nossa debilidade espiritual. Por isso, renova-nos Ele as oportunidades de recomeço e não cerra as portas de Seu Reino aos incontáveis filhos pródigos da Criação.

Deus nos tem perdoado infinitas vezes, facultando-nos reparar o mal a que demos lugar; tem-nos tolerado há mais tempo do que podemos visualizar pelo maior arrojo imaginativo; ampara-nos de maneira inapreciável ao nosso acanhado entendimento.

Vimos sendo orientados e sustentados na senda evolutiva há milênios, já pelo Cristo planetário, já pelos seus prepostos. E há trabalhadores que, apenas iniciando sua tarefa, ousam reclamar, declaram-se cansados, confessam-se desiludidos e desencorajados pelas ingratidões e incompreensões humanas.

Que contas darão esses ao Mestre de infinita bondade e paciência? Como hão de se justificar suas deserções perante Aquele que por nós tudo sofreu e perdoou, e prossegue em sua tarefa de amor e renúncia junto a nós?

Retomemos o caminho certo tantas vezes quantas dele nos afastemos, reergamos nosso Espírito quantas vezes se precipite ele nos abismos do mal, certos de que Deus é por nós, e ninguém poderá ser contra nós senão por breve tempo.

178
O FILHO PRÓDIGO – II

"Quantos jornaleiros de meu pai têm abundância de pão, e eu aqui pereço de fome!" (Lucas 15:17)

Foi o sofrimento, não a saudade, que conduziu de volta o filho pródigo. E, se saudade houvesse, foi do conforto e do pão farto, e não dos familiares. Mas, ainda assim, o pai o acolheu generoso, sem perguntar nem recriminar.

O Divino Pai, infinitamente generoso, tampouco nos questiona os motivos que nos levam a procurá-Lo, e jamais condena. E isso grandemente nos beneficia, porque a maioria de nós apenas se dispõe a buscar o bem e a espiritualidade, o amor e a beleza celestiais quando nos saturamos do mal e da matéria, do ódio e da extrema fealdade que criamos permanecendo distantes de Deus, exilados em terra estranha.

É lamentável que não busquemos poupar-nos todo esse sofrimento e desolação através de uma vivência evangélica mais real, mais profunda, mais cedo iniciada.

Mas, cedo ou tarde, por um motivo ou outro, percebemos que melhor estaríamos junto ao Mestre e em ligação com o Pai. E iniciamos a longa e penosa jornada evolutiva, não mais avançando automaticamente, mas deliberada e corajosamente, consciente e esforçadamente.

Alcançamos então alguma paz interior, serenidade de consciência e clareza de visão e raciocínio que alumiam o mais trevoso caminho e amparam o discípulo iniciante no seu imenso esforço para compreender a divina lei e moldar sua vida de acordo com seus preceitos.

Rogamos ao Divino Pai suas bênçãos para a humanidade, legião de filhos pródigos sofredores necessitados de proteção e esclarecimento, renovação e fraternidade da qual fazemos parte.

179
SERVIR A DOIS SENHORES – II

"Ninguém pode servir a dois senhores." (Mateus 6:24)

É mister que sirvamos a Deus em espírito e verdade se quisermos ganhar a vida eterna legítima, longe das lágrimas e das perturbações, dos desenganos e sofrimentos que a materialidade causa.

É difícil agora para os encarnados, e mais difícil ainda se há de tornar, servir ao Senhor da Vida numa época de tão grandes perturbações, quando o mundo todo parece ter enlouquecido em desregramento e revolta. Em tais circunstâncias, mais cômodo seria "uivar com os lobos", como diz a voz popular, afastando-se dos cordeiros, sempre pacíficos e sempre sacrificados.

Mas o Senhor recompensará dignamente aos que se lhe conservarem fiéis, concedendo-lhes a coroa da vida eterna, enquanto que os que se houverem acomodado ao desequilíbrio e se deixado contagiar pela perturbação muito hão de sofrer, pois não há laços mais perigosos que os nascidos da cumplicidade no erro e no vício.

Entretanto, os laços luminosos que unem as criaturas evangelizadas são bênçãos reconfortantes, regeneradoras e conduzem à paz.

Esses laços vos unam estreitamente uns aos outros e ao Mestre bem amado.

180
ROTA EVOLUTIVA

Muitos são os que deixam a cargo do tempo a própria evolução. Confessam-se incapazes de um esforço acentuado, positivo, com vistas à própria libertação espiritual e aguardam, quase passivamente, uma renovação interior fruto do correr dos milênios, da repetição infindável das experiências na matéria e fora dela, da saturação e consequente desgosto e abandono das satisfações inferiores e viciosas.

Estes estão convidando terríveis sofrimentos a que participem de suas vidas, e árduas lutas os aguardam no esforço de ressarcirem os débitos contraídos por incúria e comodismo, e de alcançarem as afeições mais caras, que possivelmente irão longe na trajetória rumo aos planos felizes da espiritualidade superior.

Não haja ilusões: estacionar na rota evolutiva é uma forma de regredir, pois, ainda que o Espírito não possa involuir, o mal não combatido tende a lançar fundas raízes em seu íntimo, vícios e paixões alimentados são difíceis de abandonar, as trevas guardam ciosas e cruelmente aqueles que não têm a precaução de acender luz em suas almas, e acumpliciamentos, compromissos e ligações menos felizes demandam soluções a longo prazo.

Segundo consta em João, cap. 9, vers. 4, o próprio Mestre afirmou que deveríamos trabalhar, enquanto é dia, pois a noite vem, quando ninguém pode fazê-lo. E essa noite a que aludiu Jesus bem poderá ser tecida pelas sombras dos remorsos e das insatisfações indefiníveis, do desalento e da pungente saudade da Casa do Pai e dos irmãos que a ela vão regressando, deixando para trás os invigilantes e os que dormem.

181
VEM E SEGUE-ME – I

"Se queres ser perfeito, vai, vende tudo o que tens e dá-o aos pobres, e terás um tesouro no céu; e vem, e segue-me. E o mancebo, ouvindo esta palavra, retirou-se triste, porque possuía muitas propriedades." (Mateus 19:21-22)

Difícil era ao mancebo rico desfazer-se de suas riquezas materiais, pois não sabia que mais valem as espirituais que, estas sim, permanecem, enquanto aquelas se desfazem no pó e na sombra do sepulcro. Difícil lhe era renunciar aos prazeres da vida mundana, pois não sabia que aquele que perde a sua vida por amor do Mestre a ganha para a eternidade. Difícil lhe era abandonar as ilusões da matéria, pois não percebeu que Jesus estava edificando reino eterno nos céus.

Não sabia ele que estava desdenhando fino ouro por cinzas, eternidade por instantes, realidades por ilusões, alegrias sem fim e sem sombra por prazeres rápidos e maculados.

Assim, desprezou o convite que a própria Vida lhe formulava pelos lábios santos do Cristo de Deus, e escolheu a morte espiritual.

Seu Espírito despertou um dia, triste e só, mãos vazias, olhar cansado. Era tarde: o Mestre partira para a vida eterna e a luz, e ele estava no reino da morte e da sombra.

182
VIDA ETERNA

"Então disse Jesus aos doze: quereis vós também retirar--vos? Respondeu-lhe pois Simão Pedro: Senhor, para quem iremos nós? Tu tens as palavras da vida eterna." (João 6:67-68)

Simão Pedro sentir-se-ia desamparado se abandonasse o Mestre, pois se habituara ao pão vivo e à água viva que Ele lhe dava a todas as horas.

Grande foi sua mágoa, muito mais tarde, no início do drama do Calvário, ao negar o Mestre num momento de fraqueza. Experimentou ele então a morte do remorso e da amargura.

A vida eterna de que nos falam as Escrituras não é apenas o cessar da necessidade reencarnatória que se há de dar um dia para toda a criatura. É algo que pode começar a qualquer momento, em qualquer lugar. É a libertação da morte espiritual que fatalmente sucede a quem não vive evangelicamente, pois pode-se ocupar um corpo de pujante vigor e saúde e, não obstante, estar espiritualmente cadaverizado.

Pequenas mortes diariamente acometem a criatura irreligiosa, em forma de amarguras indefiníveis, perplexidades, vãos desgostos e ansiedades, mas a plenitude da vida, aqui e agora, descerra-se generosamente aos olhos dos que, em espírito e verdade, acompanham o Mestre Jesus.

183
PERDÃO DAS OFENSAS

"Não te digo que até sete, mas até setenta vezes sete." (Mateus 18:22)

Não só ao tema "perdão das ofensas" aplica-se esse ensinamento de Jesus, mas a todas as situações.

Se cairmos setenta vezes sete, outras tantas nos deveremos erguer. Se inúmeras vezes olvidarmos os ensinamentos evangélicos, após cada esquecimento deveremos recordar nosso aprendizado junto ao Mestre. Se incontáveis vezes nos virmos à margem da estrada da espiritualidade, cabe-nos em todas elas, retornar ao bom caminho.

A noção de que o erro e a queda nos tornam indignos do serviço cristão tem afastado quase tantos trabalhadores de valor da seara de Jesus, quanto às descrenças e o apego às ilusões materiais.

Tenhamos presente que é o servir, o orar e o esforçar-se pela própria evangelização que conferem merecimento ao serviço, à oração e à trajetória de luz que o Mestre deixou na Terra.

Não nos deixemos abater pelo mal, pois a perfeição não se alcança num dia, mas sim à custa de prolongadíssimos esforços, e, por distantes que estejamos de Deus, Ele nunca nos desampara.

Recordemos ainda que Jesus afirmou desejar misericórdia e não sacrifício. Sejamos, pois, compassivos e fiéis na oração e no estudo evangélico, e confiemos no absoluto poder daquele que tudo nos dá, a começar pelo dom inapreciável da vida eterna.

184
MAGNÍFICA BÊNÇÃO

"Por seus frutos os conhecereis." (Mateus 7:16)

Não, certamente, pelos frutos esporádicos de horas escolhidas, de instantes consagrados rotineiramente ao culto da caridade evangélica. Mas pelos frutos de toda uma existência.

Não seja tão fértil em contradições e incoerências a vida do discípulo do Evangelho.

De que vale dizer "Pai Nosso" se não temos a nossos semelhantes como irmãos? Como rogar "Venha a nós o teu Reino", que sabemos ser de paz e amor inefável, se não tranquilizarmos nosso íntimo e só amamos aqueles que nos amam? Que sentido terá dizer "Seja feita a vossa vontade", se não nos dispomos, aqui e agora, a cumprir seus mandamentos?

Muito será pedido àquele a quem muito foi confiado. E o tesouro de conhecimentos entregue aos adeptos do Espiritismo é de inapreciável valor. Terão seus sentimentos e ideias, atos e propósitos, o mesmo altíssimo valor, à luz do conhecimento espírita-evangélico?

Tornai-vos dignos da magnífica bênção que representa o conhecimento das verdades eternas para que esse conhecimento se incorpore, em definitivo, ao vosso inalienável tesouro espiritual, como sublime talento a se multiplicar eternidade afora.

185
EXORTAÇÃO AO TRABALHO

"Simão, filho de Jonas, amas-me? Apascenta as minhas ovelhas." (João 21:16)

Jesus não se contentou com a afirmativa de Pedro de que o amava, mas respondeu com uma exortação ao trabalho.

É ainda uma prova de que Ele não deseja adoradores, por sinceros e fervorosos que sejam, porém, convida todos ao serviço ativo em benefício do próximo.

Se os adoradores inoperantes alcançam elevados planos através da prece, são esses planos atingidos tão somente pelo sentimento e pensamento, sem dúvida louváveis, porém continuam eles, os adoradores, muito distantes do reino do verdadeiro amor, ativo e incansável.

Aquele que ama e serve, não importa desconheça as letras sagradas e os nomes veneráveis, tem em si as marcas do verdadeiro discípulo, e reflete a luz de Cristo. E somente refletindo essa luz poderemos tocar a sensibilidade humana, via de regra demasiado embotada para percebe-la em sua original pureza, vinda diretamente do Mestre.

Sede fiéis aos ensinamentos de Jesus, e sua luz resplandecerá em vós e em vosso meio.

186
VEM E SEGUE-ME – II

"Vai, vende tudo quanto tens, e dá-o aos pobres, e terás um tesouro no céu; e vem, segue-me. Mas ele, pesaroso desta palavra, retirou-se triste, porque possuía muitas propriedades." (Marcos 10:21-22)

Por não perder o reino na Terra, perdeu o moço o reino nos céus; por não abandonar o bem passageiro, adiou e complicou a aquisição dos bens eternos; pela posse de tesouros perecíveis, desprezou os imortais; pela alegria sempre mesclada de mágoa que nos oferece o mundo não alcançou a bem-aventurança.

Foi uma troca da primogenitura espiritual por um escasso prato de lentilhas, da qual se deve ter arrependido.

Porém não nos cabe julgar, o que nos cabe é aproveitar a lição no em que ela nos toca. E verificamos que essa infeliz e mal avisada troca é processo diário em nossas vidas, ainda que saibamos que toda a glória terrena é pó e ao pó voltará.

Decidamo-nos a acompanhar o Mestre pelo caminho estreito, no qual encontraremos espiritual largueza, antes que a larga via que acaso prefiramos se estreite e nos esmague impiedosamente, fazendo-nos regressar, tristes e desenganados, em busca da sublime voz que diz: vem e segue-me.

187
PATRIMÔNIO ESPIRITUAL

As conquistas espirituais e morais não se perdem nunca, são patrimônio inalienável da criatura.

Nasça virtuosa criatura no mais vicioso meio, e virtuosa permanecerá. Renasça fino e sensível Espírito em ambiente grosseiro, e se ressentirá da indelicadeza que observe. Reencarne uma alma habituada à ordem e ao asseio em lar desleixado, e espontaneamente dará à sua pessoa e, na medida do possível, à própria casa, o toque de sua superioridade.

Surja autêntico missionário do Cristo na mais corrupta, materialista e desregrada sociedade, e aí refletirá a luz do Mestre.

Quem se tenha dedicado a determinada arte, ciência ou religião buscará, por força de poderosa atração, renovar e ampliar seus conhecimentos e experiências nesses campos.

Mas, se as mãos não forem perfeitas, não haverá pianista renascido que possa exercitar sua arte. Se inadequado for o cérebro, oferecerá intransponível barreira ao gênio nele encarcerado.

Quanto ao conhecimento das verdades e leis da espiritualidade, dele resta, ao Espírito reencarnado, vaga intuição, certa ordem de perquirições, um desejo obscuro de relembrar noções superiores e olvidadas.

Vivendo numa sociedade extremamente materializada e primitiva, o Espírito anteriormente esclarecido poderá, sim, superá-la, porém dificilmente formulará com clareza princípios espirituais, quanto mais não seja por falta de adequado vocabulário. Será capaz, indubitavelmente, de viver de acordo com a mais alta moral e os mais elevados princípios evangélicos, mas atravessará a grande provação da perplexidade interior, do sofrimento ante a animalidade e bruteza de seus contemporâneos, embora não possa equacionar claramente a situação.

Diariamente reencarnam Espíritos que pouca, ou nenhuma, possibilidade terão de vir a conhecer a doutrina espírita. Milhares de desencarnados são recolhidos, em triste condição, às colônias socorristas do espaço, ali se refazem e reconfortam, recebendo a bênção do conhecimento espírita básico: necessidade de reforma nos moldes evangélicos, lei de causa e efeito e reencarnação e, depois, renascem em ambientes adversos que lhes não podem ensinar ou relembrar tais verdades. Milhões vivem, anônimos e esquecidos, sem que a Terra lhes estenda mão amiga ou livro esclarecedor.

Quantos luminares do Cristianismo não têm descido às sombras da Terra em missões sacrificiais, pondo de lado magníficas oportunidades de atingir altíssimos planos de vida? E isso, possuindo conhecimentos mais avançados que os da própria doutrina espírita, em seu atual estágio.

Vemos diariamente preciosos recursos, em forma de conhecimento, saúde, beleza física e posição social serem mal-baratados. Em contraste, há belos exemplos de renúncia a tudo isso da parte de Espíritos que desejam, na extrema penúria, testar a própria fidelidade aos princípios do Cristo.

E é frequentemente nessa total indigência, na renúncia a todo o conforto e alegria mundana, até mesmo às consolações do conhecimento espiritual, que se chega ao Mestre, em sublime encontro que se processa no íntimo da criatura cristificada, no entendimento que vem "de dentro para fora", sem necessidade de orientação exterior.

A criatura liberta não precisa que lhe digam "há um Deus", para saber que Ele existe; sente em si mesma a eternidade da vida, sem que lhe tenham ensinado; é compassiva e fraternal, sem temor de castigos e sem ambição de recompensas; possui a mais alta forma de mediunidade, a intuição que, em qualquer tempo e circunstância, lhe assegura ligação com as faixas de vida superior das quais nada pode desligá-la.

O conhecimento espiritual é bem inapreciável, irradiando sempre dos que o conquistaram de maneira autêntica e legítima, ou seja, multiplicando generosamente os talentos recebidos. Porém, as mais das vezes, tal conquista é rudemente provada pelos duros golpes que desferem a ignorância e a maldade, cabendo a quem os recebe demonstrar valorosamente o que fez dele o entendimento superior.

188
RETARDAMENTOS INSENSATOS

A humanidade sempre acalentou ideais de beleza e sabedoria, progresso e ventura, mas tem agido de forma a retardar essas aquisições.

Abusa-se da beleza física, o que resulta em fealdade, quando não em deformidades, no campo dos resgates e reajustes; emprega-se para o mal a inteligência, criando desequilíbrios psíquicos e anomalias mentais; o progresso científico divorciado do Evangelho é, muitas vezes, flagelo destruidor; o mal que em nós habita é o maior entrave à nossa legítima felicidade.

Adiamos assim o estabelecimento da harmonia física na Terra, pois não permitimos aos orientadores espirituais que estudam o aperfeiçoamento da forma humana eliminar em definitivo caracteres físicos menos felizes.

Não permite o Mestre a plena eclosão de humana inteligência e, ainda menos, de possibilidades psíquicas mais avançadas, por antever os desastres a que isso nos conduziria, distantes que estamos de uma real cristificação.

A humanidade rasteja em todos os sentidos, podendo voar; escraviza-se à matéria, quando de há muito a deveria ter dominado; é conduzida pelas paixões e infelicitada pelos vícios, devendo já tê-los superado; é atormentada pela natureza rebelde que a fustiga de mil formas, quando já a poderia ter transformado em inestimável aliada.

Adiamos preciosas aquisições e o magnífico progresso; tardam revelações; podamos nossas próprias asas, e lastimamos nossa posição abjeta e sofredora, criação nossa, arremedo da Divina, que é perfeita.

Lamentamos habitar um vale de lágrimas, sem reconhecer que lágrimas e vale são obras nossas, pois o Senhor nos destina à alegria santificada e à sublime elevação da espiritualidade.

Ajudemos, quanto possível, a espiritualização do mundo, para que seu triste e sombrio estágio nos degraus inferiores da evolução tenha fim, antes que o vale das lágrimas transborde e leve de roldão muitos e muitos Espíritos rumo ao exílio em planos primitivos, por indignos de permanecerem na Terra redimida por Jesus.

189
LAVAR AS MÃOS

"Então Pilatos, tomando água, lavou as mãos diante da multidão." (Mateus 27:24)

Permanece esse gesto de Pilatos como grande favorito da humanidade: "Fiz o possível, não tenho culpa se nada consegui." "Aconselhei-o inúmeras vezes, não me ouve, sofra pois as consequências." "Esclareci da melhor forma, não estão interessados, não perderei mais tempo ensinando."

Frases que se ouvem constantemente, partindo de trabalhadores desiludidos com a seara que lhes coube, desapontados com seus companheiros, amargurados com seus aprendizes.

É certo que não se deve pregar no deserto, nem perder tempo com criaturas endurecidas e rebeldes, ainda não preparadas pelo sofrimento, pelo estudo, pela meditação e pela multiplicidade das experiências para aceitar o tesouro das consolações evangélicas e a responsabilidade que sua posse acarreta.

Importa, porém, averiguar cuidadosamente se não estará exigindo a colheita antes da época oportuna, ou aguardando água cristalina de um pântano.

O Mestre afirmou que não se deve pôr remendo de pano novo em tecido velho. Mas também Ele não desprezou nem despreza os "tecidos velhos" de que está cheia a Terra, mas busca renová-los através do Evangelho, pois veio Ele para os doentes e não para os sãos.

Não nos queiramos pois antecipar ao Senhor da Seara, que é todo paciência, amor e sabedoria, e claramente vê nossos esforços e percebe as razões das dificuldades e fracassos que experimentamos nas tarefas espirituais, sem jamais responsabilizar inocentes ou "lavar as mãos" quanto aos culpados.

190
O NECESSÁRIO

"Vosso Pai sabe o que vos é necessário, antes de vós lhe pedirdes." (Mateus 6:8)

Buscamos compreender as necessidades de nossos semelhantes; e nesse esforço de entendimento e atendimento gastamos longo tempo, errando frequentemente, acertando algumas vezes, em prolongado esforço evolutivo.

Deus, a perfeição absoluta, não erra jamais. Se Ele nos retira uma oportunidade de trabalho, uma experiência que nos parece necessária, a alegria que nos vem da ideia de sermos úteis, é porque, na verdade, nossa interpretação desses valores está errada.

É, muitas vezes, num repouso forçado, na cessação ou interrupção de uma experiência, numa aparente condenação à inutilidade, que residem os grandes remédios para o corpo ou para o espírito.

Deus sabe o que mais nos convém, afiançou Jesus. Sendo assim, não nos faz nunca perder tempo nem nos condena à total inutilidade, mas, sob essas aparências, está na realidade nos favorecendo a evolução e nos preparando eficientemente para novos trabalhos, cuja extensão e importância não podemos por agora compreender, mas que amanhã, com toda certeza, valorizaremos devidamente.

191
OPORTUNIDADE PERDIDA

"Não conheço esse homem. E imediatamente o galo cantou. E lembrou-se Pedro das palavras de Jesus que lhe dissera: antes que o galo cante, três vezes me negarás. E, saindo dali, chorou amargamente." (Mateus 26:74-75)

Verdadeiras multidões somente ao ouvirem o grito angustiado da própria consciência no amanhecer além-túmulo despertam para a realidade espiritual e compreendem em toda a sua extensão a grandeza da oportunidade perdida e a profundidade do abismo em que sua incúria as precipitou.

E quão doloroso é esse despertar! O quanto nos confrangem o coração os lamentos que ouvimos! Que tristes são as confissões que nos forçam a ouvir, e que desesperadas promessas de auto-reforma escutamos, infelizmente um tanto descrentes, pois o Espírito, despertado pela dor, propõe-se a aceitar integralmente o Cristo e o Evangelho; reencarna e, facilmente, se não ora e vigia, embriaga-se de sensações inferiores, torna-se espiritualmente cego e surdo pelas visões mundanas e cânticos semipagões que a humanidade entoa freneticamente.

Ouvi, os que tendes a felicidade de estar na Terra em seus gloriosos momentos de transição, o profético aviso que o Mestre dirigiu a Pedro. Tomai-o para vós, vigiai e orai, para que ao amanhecer do novo dia que aguarda a humanidade não sejais achados como quem negou ao Redentor, mas como quem levou até o fim seu testemunho de trabalho e fidelidade ao Evangelho.

192
MISERICÓRDIA – II

"Misericórdia quero, e não sacrifício." (Mateus 12:7)

Religiosidade tem sido entendida através dos tempos como sacrifício: nas épocas primitivas, sacrificavam-se seres vivos aos ídolos e às forças da natureza; mais tarde essa religiosidade, um pouco aprimorada, porém ainda distante da perfeição, passou a impor a seus adeptos auto-sacrifícios, jejuns e cilícios, renúncias e privações de toda sorte.

A palavra do Mestre é clara: não deseja sacrifício, e essa palavra torna inescusáveis os excessos que se cometam nesse terreno.

Entretanto, é mais fácil ao egoísta privar-se de uma alegria, do que proporcioná-la ao seu semelhante; prefere o indolente jejuar, a servir; retira-se o pusilânime do mundo, sem tentar compreendê-lo e sem buscar melhorá-lo.

A misericórdia, semelhante à caridade, é corajosa e ativa, e não leva ninguém a auto-sacrificar-se, exceto em benefício do próximo; não induz a criatura a privar-se de uma alegria, a não ser em proveito de outrem; não convida o indivíduo a fugir das situações e pessoas em meio às quais o Senhor o tenha colocado, pois sabe que essa é a seara que lhe cabe livrar do joio para que o trigo do Evangelho cresça livremente.

Sede misericordiosos para convosco mesmos, não vos martirizando por faltas passadas e sentimentos de inferioridade espiritual, mas aproveitai a lição do passado para viver melhor o presente, edificando excelente futuro. E sede misericordiosos para com aqueles que ainda nem sequer ouviram falar na suprema excelência da caridade, conforme definida por Paulo apóstolo.

193
TESOURO NO CÉU

"Vai, vende tudo o que tens e dá-o aos pobres, e terás um tesouro no céu; e vem, e segue-me." (Mateus 19:21)

Não se interprete literalmente esse ensinamento de Jesus, mas de acordo com a razão e a fé esclarecidas.

É necessário que se desfaçam os laços que unem as criaturas às sombras, antes que possam elas rumar para a luz. É preciso pôr fim a quaisquer acumpliciamentos com o mal para alcançar o bem maior. É imprescindível pegar da charrua e não olhar para trás, lamentando o que se tenha perdido em matéria de aquisições e prazeres materiais, para ser verdadeiro trabalhador da espiritualidade.

Por isso afirmou Jesus que deveríamos deixar aos mortos o trabalho de enterrarem seus mortos; enquanto nos preocuparmos com os cadáveres das ilusões abandonadas, das oportunidades passadas, das situações que não se coadunam com o título de Discípulos de Jesus, não seremos dignos desse nome, mas estaremos enganando a nós mesmos.

Estejam os que ingressam na Fraternidade dos Discípulos de Jesus certos de estarem recebendo a espiritual primogenitura em troca de um pobre prato de lentilhas, fadado a breve desaparecimento.

Crede, o tesouro acumulado no céu permanece, e a breve felicidade terrestre comprada a custo da renúncia aos legítimos impulsos de auto-espiritualização seria fictícia, e vos deixaria um grande vazio nos corações já tocados pelas claridades de mais alto.

Essas claridades eternas vos guiem seguramente em direção ao Mestre.

194
ADVERTÊNCIAS

É muito delicado o campo das advertências, tão frequentemente necessárias para benefício não só de quem as recebe, como ainda de quem com ele convive.

Melindres são triste característica da humanidade, assim como a ideia de que tudo sabemos melhor do que ninguém, mormente o que nos concerne mais de perto.

Há irmãos que, dizendo-se espíritas, seguidores do Mestre, discípulos de sacrossanta doutrina, são incapazes de a si mesmos aplicarem qualquer ensinamento, julgando que o Espiritismo é bom para emendar o mundo e todos os seus habitantes, exceto eles próprios.

Grande engano. Se é verdade que o Espiritismo é instrumento libertador das consciências, e que confissões e orientações miúdas não fazem parte dele, é verdade também que muitas vezes não sabemos e não podemos ver claro. É difícil ser juiz em causa própria, é difícil também ser médium em questão que mais de perto nos toca. Sempre há um prejuízo, uma ideia preconcebida, uma distorção nas apreciações.

Quando receberdes uma advertência ou um conselho, uma orientação ou mensagem, analisai escrupulosamente, pedindo à Divina Inspiração que vos socorra. Feito isto, se uma voz muito íntima, que sem dúvida há de soar, vos disser: convém obedecer, fazei-o, pois a obediência, regrada pelo bom senso esclarecido, é uma bela virtude do Espírito e que, longe de o aviltar, o dignifica. Recordemos que o próprio Jesus, Senhor dos Senhores, foi obediente, e disse claramente: "Meu alimento é fazer a vontade daquele que me enviou."

195
BENEMERÊNCIA

"Sempre tendes convosco os pobres, mas a mim não me haveis de ter sempre." (Mateus 26:11)

Profundo ensinamento: pareceria, a um intérprete superficial, que o Mestre fora, talvez, vaidoso, ao defender aquela que o ungira com custoso perfume, em vez de, com seu preço, socorrer os pobres.

Cabe lembrar que se podem praticar inúmeros atos de benemerência, sem se ter o Mestre no coração; pode-se pregar magnificamente, tendo-se embora egoísmo e concupiscência a nos escravizarem, pode-se aparentar santidade sem qualquer luz interior. E isso porque, como disse Jesus, o Reino de Deus não vem por aparências exteriores.

Assim é que, embora sob todos os aspectos louváveis, não é a prática da caridade material que, por si só, leva a criatura aos reinos superiores — é a superioridade de seu próprio Espírito que o fará, no vencer a si mesma, na renúncia ao próprio personalismo, no desejar e lutar para que o Cristo nela viva.

Sem dúvida o próprio Mestre colocou no mais alto plano a caridade em suas expressões mais objetivas, ao afirmar que quem alimentasse os famintos e visitasse os reclusos ganharia o Reino de Deus. Mas Ele sabia que, acima de tudo, deve a criatura unir-se ao Criador para alcançar planos mais altos da vida. Paulo afirmou que poderia dar tudo que tinha para sustento dos pobres, falar as línguas dos homens e dos anjos, profetizar altamente, ter toda a fé e oferecer seu próprio corpo em holocausto sem ter a caridade.

E é essa legítima e suprema expressão da caridade, não só beneficente, mas também benevolente e perdoadora, que desperta nos que fielmente oram e vigiam, estudam e meditam o Evangelho.

196
EMISSÁRIO DIVINO

"Desde agora não me vereis mais, até que digais: Bendito o que vem em nome do Senhor." (Mateus 23:39)

Não se apresenta o Senhor de forma retumbante, como desejariam alguns que o fizesse, a fim de convencer incrédulos e despertar a fé nos que desprezam as verdades do Espírito.

Ele surge no íntimo de cada criatura, e se manifesta através de uma conduta digna e fraternal para com todos.

Façamos pois de nossa vida um hino de louvor Àquele que há dois mil anos veio em nome do Senhor, e Ele habitará entre nós.

197
REINO DE DEUS

"Então Natanael declarou: Rabi, Tu és o Filho de Deus, Tu és o Rei de Israel! Respondeu Jesus e lhe disse: Porque te disse que vi-te debaixo da figueira, crês? Verás coisas maiores do que estas." (João 1:49-50)

O reino de Deus se vai desenvolvendo em nós, e, por ser grandioso, nos vai espiritualmente engrandecendo; por ser portentoso, faz com que vamos realizando portentos; por ser reino de amor, nos vai tornando amorosos; por ser reino de luz, alumia nossas consciências; por ser reino de sabedoria, nos torna sábios; por ser o mais elevado reino, nos vai erguendo; por ser reino eterno, e o único que há eterno, nos vai fazendo descobrir a vida eterna, sem o aguilhão da morte.

Cresça em nós esse magnífico reino de Deus para que "maiores coisas vejamos".

198
RESPONSABILIDADE

Fala-se nas responsabilidades decorrentes de posição elevada no cenário humano, de influência política, de cultura, riqueza, recursos mediúnicos, e outros talentos.

Não se olvide a imensa responsabilidade que decorre do simples, ou antes, do portentoso fato de vivermos.

A vida é algo de tão grandioso, que, por agora, por mais que a estudemos, só lhe podemos apreender os aspectos superficiais.

Vivamos com a máxima dignidade e reverenciemos a vida em todos os seus aspectos, pois é dom de uma infinita generosidade e resultado de inconcebível poder e incomensurável amor.

199
EXTENSÃO DE NOSSOS ATOS

"Cento por um." (Lucas 8.8)

Nosso campo de ação é muito mais extenso do que imaginamos quando encarnados, e uma das grandes surpresas que nos reserva o regresso à pátria espiritual é a descoberta da imensa repercussão de nossos atos, palavras e mentalizações.

Muitas vezes, reveste-se essa descoberta de grande amargura, pois vemos quão profundamente ferimos nosso semelhante, quão amplamente contribuímos para a desilusão de um companheiro, quão responsáveis somos pelo desvio dos que nos partilharam o convívio.

Se orássemos e vigiássemos a todo o tempo, diferente seria o panorama: ao regressarmos ao plano espiritual, veríamos que a colheita de uma boa palavra foi farta, que o resultado de um gesto bom foi extenso e profundo, que o exemplo dado de evangélica vivência foi roteiro luminoso para muitos.

Semeai o bem a todas as horas e de todas as formas, e o supremo bem vos abençoará.

200
JESUS E O CALVÁRIO

Permanece Jesus no calvário: Seu coração continua transpassado, Suas mãos e pés estão presos ao madeiro, Seu corpo está imobilizado na cruz.

O Mestre deixa o Calvário quando acendemos e distribuímos a chama viva da fé; Seu coração pulsa feliz quando o nosso ama com fraternidade e elevação; Suas mãos servem e Seus pés caminham quando nossas mãos trabalham e andamos em direção aos sofredores levando reconforto; Seu corpo ressuscita quando nos entregamos por inteiro às Suas inspirações sacrossantas.

Somos, um e todos, responsáveis pelo retorno do Mestre, pois Ele regressa das sombras do túmulo quando acendemos luz em nosso íntimo e a espargimos generosamente.

Vive o Cristo em ti, ou permanece Ele morto na tua descrença e egoísmo?

Ressuscita-O, se está Ele morto, ou vivifica-O mais e mais se Ele vive, pois a cada um de nós será perguntado, como a novos Cains: "Que fizeste do irmão maior que enviei a te redimir?"

201
O VERBO

"Não vos dê cuidado como, ou o que haveis de falar." (Mateus 10:19)

Meditação preparatória, boa vontade para com os demais, sinceridade de propósitos — sim. Opiniões preconcebidas, ideias exclusivas, desejo de acerto absoluto — não.

O Mestre inspira a todos e, embora seu incomensurável desejo de ver o bem implantado em definitivo na Terra, não se sente, apesar de sua elevadíssima hierarquia espiritual, autorizado a ferir livre-arbítrios e violentar consciências.

O amor de um coração presente a uma assembleia é bastante para iluminá-la toda. A sinceridade de propósitos neutraliza muito engano, a inteligência evangelizada brilha em meio à treva da ignorância sem açoitá-la, antes com doçura.

Deus vos fortaleça em vossos propósitos e vos dê a paz e a lucidez de que necessitais.

202
ALÍVIO E AMPARO – II

"Sê generoso para comigo, e tudo te pagarei" (Mateus 18:26)

É próprio da invigilância e do descuido acumular maiores débitos que os que se podem comodamente pagar. E nessa imprevidência reside a causa de grande parte do sofrimento humano, na terra e fora dela.

Jesus afirmou que pagaríamos até o último ceitil. Pagaremos, pois, enquanto devemos, e somente saldados todos os débitos poderemos atingir planos de vida superior. Somente feita a reconciliação com nossos companheiros menos afins poderemos travar conhecimento com mais larga faixa da família universal. Somente harmonizados em nossas possibilidades atuais poderemos alcançar outras de maior amplitude. Somente após integralmente assimilarmos e vivermos o Evangelho de Jesus estaremos preparados para mais alto grau de iniciação espiritual.

Busquemos saldar nossos compromissos antigos, por mais sombrios e dolorosos que sejam, para mais cedo partilharmos da divina herança de que somos co-herdeiros com Jesus.

203
O EVANGELHO

Música e poesia, sabedoria e beleza são parte integrantes da vida espiritual, e pertencerão a todos quando se for realizando efetivamente a redenção da humanidade.

Tem sido mal compreendido o Evangelho: julga-se que ele escraviza, quando na verdade liberta; pensa-se que ele condena a beleza, mas realmente é o supremo aformoseador do Espírito e, em consequência, das próprias formas físicas; imagina-se que leve seus seguidores a chorarem e gemerem oprimidos e sacrificados, quando sua finalidade é proporcionar-nos as inefáveis bem-aventuranças da união com o Criador.

Se o mal dá lugar, em suas dolorosas consequências, a fealdade, desarmonia e dor, o bem, divina inspiração, aformoseia, harmoniza e felicita.

É tempo que se liberte o cristianismo do sudário de lágrimas, sombras e superstições que o envolve, permitindo resplandeça "a luz verdadeira, que alumia a todo o homem que vem ao mundo".

204
MENSAGEM DE RAZIN

Como um complemento solidário a tudo o quanto o venerável Autor esclareceu e ensinou nestes inúmeros temas, transcrevemos adiante uma mensagem de RAZIN, o velho e iluminado batalhador que integra o pugilo de instrutores e guias espirituais que, nesta Casa, difundem e exemplificam o Evangelho redentor.

"Vem e segue-me" (Mateus 19:21)

Pensam alguns que seguir a Jesus é acompanhá-Lo de uma longa distância. Julga-se que seja simplesmente contemplar a luz, estando-se em treva. Imagina-se que seja colocar os pés sobre sangrentas pegadas deixadas pelo Mestre. Supõe-se que segui-Lo é voltar as costas a toda alegria, ao gosto pela vida , às sensações felizes que o Senhor nos propicia; é ser um morto-vivo encarcerado em dogmas e proibições, açoitado e torturado pelas tentações, escarnecido pelos homens, apoquentado pelas necessidades dos familiares mal atendidos, relegado por eles ao abandono e todo voltado para as coisas espirituais; fracassando pelo olvido da sentença "Dai a César o que é de César" ou pelo esquecimento de que "se não formos fiéis nas coisas mínimas como o seremos nas grandes"?

Seguir o Mestre não é apenas subir ao Calvário, não é unicamente receber a coroa de espinhos; não é tão somente ser pregado ao madeiro infamante do mundo, se o sofrimento não nos transformar em uma tocha viva de amor pelo próximo.

Jesus afirmou que estreita é a porta e apertado o caminho que conduz à vida; mas ensina-nos também a nos diminuirmos para poder atravessá-la e seguir o caminho.

O homem vaidoso, sensual, ambicioso das coisas materiais é grande demais para penetrar a porta e alcançar o caminho, mas despojado de seus defeitos pode fazê-lo porque afinou-se espiritualmente. O homem enfatuado, rixento, egoísta, perverso, é muito volumoso, por estar pejado de más qualidades, mas, despido de seus defeitos, passará folgadamente, porque evangelizou-se.

Se a porta é estreita e o caminho apertado é porque nós somos largos em vaidade, ambições, vícios e enganos, pesados demais para os voos da espiritualidade; cheios de nós mesmos para que haja em nós um lugar para o Mestre. Muito seguros de nossas capacidades e entulhos mundanos, para permitir que Ele nos oriente; muito absorvidos pelas ilusões do mundo para perceber as realidades do Reino de Deus; enfatuados em grandezas, para nos tornarmos simples como meninos, capazes de receber a visita do Redentor. E nessa nossa vã sabedoria, vã riqueza e vão orgulho, perdemo-nos porque se somos sábios, ricos e poderosos entre os homens, surgiremos ignorantes, pobres e fracos perante Deus.

Seguir a Jesus não é acompanhar o desconhecido, de longe. Ninguém pode segui-Lo realmente se com Ele não teve um contato, ainda que breve; não O sentiu mais de perto; não experimentou uma crise espiritual, um impulso renovador e, às vezes, mesmo, uma experiência como a de Paulo de Tarso na estrada de Damasco. Não se acompanha em confiança, fé e amor, aquele que se não conhece, ainda que seja em espelho de enigma, para depois contemplar-se face a face.

A Doutrina Espírita nos faculta ver, com meridiana clareza o deslumbrante panorama da Escada de Jacó. Guardemo-nos bem para sermos como os anjos que sobem e se alguma vez descermos que seja para amparar os que menos saibam, ou menos sintam o Evangelho mas não para recair em velhos erros e tendências.

Sigamos o Mestre com alegria pois, se apertada é a porta e estreito o caminho que conduz à vida, a divina bondade, magnífica e ilimitada, nos faculta adelgaçarmo-nos pela espiritualização para os transpormos sem maiores sofrimentos, realizando-se em nós as sagradas bem-aventuranças de que Jesus foi e ainda é a personificação.

Índice Remissivo

Novo Testamento e O Evangelho segundo o Espiritismo

Aliança

Trilogia:
História Espiritual da Humanidade

Os Exilados da Capela
A formação e evolução das
raças no planeta Terra.

Na Cortina do Tempo
Sobreviventes salvos da Atlântida
preservam seus conhecimentos
destinados à posteridade.

Almas Afins
A trajetória de Espíritos afins
desde a submersa Lemúria
até os dias atuais.

Campanha de Preservação da Vida

EDITORA ALIANÇA

Tema: PREVENÇÃO AO SUICÍDIO